因为喜欢，可迎万难

张爱玲传

朱云乔 著

天地出版社 | TIANDI PRESS

因为喜欢,可迎万难

序
PREFACE

历史的唱片缓慢转动,唤起一段旧时光。彼时繁华的大上海,车水马龙,人来人往。从古旧的张家庭院里,走出一位遗世独立的女子。她眼神倔强,闪耀着光芒。

那是最动荡的时代,传统与自由交缠,才情与规则碰撞。那也是最独特的时代,女子不再束脚低眉,而是拿起了纤细的笔,开始了自由地表达和畅想……

她出身名门,被称为"天才少女",以惊世才华震惊文坛。不同于寻常女子的软糯,她的字里行间都是对人情世故的清醒描述,带着一种清冷,一种对人性的敏锐洞察。

她就是张爱玲。

她笔下的女子尝遍人间冷暖,带着偏执与俗念,不肯低头地翻滚在命运的波涛里。

她的清醒透着寂寥,衬着孤傲,却又如冬季的暖阳,带着丝丝温度直射进心房,照亮现实。

走近这个女子的一生,我们会发现她铠甲下的柔软与天真。面对生活,她收起了文字里的练达,像一朵不起眼的小花,以卑微的姿态开放在尘埃里。

"张"之姓氏，带给她的既是荣光又是枷锁。在那样一个纷繁乱世，贵族的迂腐和西方的张扬，在张爱玲的身上不断摩擦碰撞，犹如磁铁两极用力地撕扯着她，留下一道道痕迹，使她年纪轻轻便能洞察人情冷暖。

世事的动荡，童年的苦难，爱人的背叛，他乡的孤寂……诸多苦难加之于身。不知是否源于此，她才拥有了难得的才气。

可正因为苦难，张爱玲又是极为世俗的。她的笔犹如银针，字犹如细线，看似下笔漫不经心，却针针扎心，总能无情地掀开罩在红尘上的繁华幕布，将那现实的灰霾和哀凉赤裸裸地摊在世人的面前。

因为世俗，所以她毫不避讳自己对金钱的喜爱和依赖；因为世俗，所以即便早知结果，依然坚定自己的选择；因为世俗，所以在冷心地说完"我将只是萎谢了"，还是在给胡兰成的决绝信里附上了自己的30万元稿费。同样因为这份世俗，张爱玲成了为数不多的既能承受光彩夺目的喧闹，又能忍住无休无止的孤寂的人。

"笑，全世界与你同笑；哭，你便独自哭。"张爱玲太懂人生了，懂得生活的艰辛、懂得感情的虚空，因此她学会了决绝，一种带着不羁和洒脱的决绝。对于张爱玲而言，如果不爱是一生的遗憾，那爱就是一生的磨难——一场甘之如饴的磨难。

张爱玲在这场磨难里哭过、笑过、恨过，亦放手过。当那件华美的袍褪去了光彩，只剩下虱子时，也就到了该落幕的时候了。

目录
CONTENTS

| 第一章 |

盛景·时代拉响了胡琴

1. 幕布繁花似锦 / 002
2. 与时间一起长大 / 014
3. 往事与预言诗 / 024
4. 踏着母亲的脚步 / 031

| 第二章 |

初放·爱自己，要趁早

1. 青春的心理独白 / 040
2. 造梦者 / 050
3. 少女的独舞 / 059
4. 风吹向何方 / 067

| 第三章 |

倾城·**在最美的年华相遇**

1. 蝴蝶的翅膀 / 076

2. 一朵花的灵魂 / 083

3. 被战火撕碎的梦 / 091

4. 再见,香港 / 098

| 第四章 |

花事·**被烟火照亮的天空**

1. 你还不来,我怎敢老去 / 106

2. 心情被正午的阳光吻过 / 113

3. 在时间的荒野里 / 120

4. 岁月静好,现世安稳 / 127

| 第五章 |

片刻・一别，就是一生

1. 命运埋下的伏笔 / 134

2. 非走不可的弯路 / 141

3. 逃离黑夜 / 148

4. 爱到千疮百孔 / 156

| 第六章 |

流言・生命是一袭华美的袍

1. 孤独开出意外的花朵 / 162

2. 回不去的，不只是爱情 / 169

3. 一念花开，一念花落 / 176

4. 世俗里的清高 / 183

| 第七章 |

新生·山河岁月，锦瑟流年

1. 时光旁白 / 190

2. 地球的另一端 / 196

3. 因为爱过，所以慈悲 / 203

4. 人心，远近相安 / 210

| 第八章 |

沉香·翻腾的海归于平静

1. 乱世中的生命之美 / 218

2. 临水照花人 / 225

3. 夕阳无限好 / 233

4. 旧时光，别来无恙 / 237

后记 / 242

第一章
盛景·时代拉响了胡琴

① 幕布繁花似锦

人生的开篇，有千般模样。然而，似乎只有华丽的幕布，才配得上为才女的人生开场。《私语》《童言无忌》《天才梦》《对照记》《小团圆》……通过一部部带有自传性质的文学作品，张爱玲的一生仿佛从文字中被拼凑出来，跃然纸上。

"名门闺秀""贵族小姐"，这是张爱玲一出生便拥有的身份。可惜，一个已经没落的家族，实在给不了她配得上这些身份的人生。

她说："长的是磨难，短的是人生。"寥寥数语，就已涂满人生苍凉的底色。家族曾经的显赫，似乎与张爱玲并没有太大关系。她甚至没有见过自己的爷爷和奶奶，就连他们的名字，在张爱玲听来都略显陌生。

爷爷名叫张佩纶，一个来自河北"耕读世家"的耿直书生，自认是朝中清流，更自称是"清流党"，甚至还公然反对过李鸿章。或许是因为看出张佩纶是个不会被任何"浊流"玷污的"清流",李鸿章不但不与他计较,反而还把自己的爱女李菊藕许配给了他。李菊藕,就是张爱玲未曾谋过面的奶奶。

张佩纶前两位夫人先后病故,在迎娶李菊藕的时候,他已经是四十岁的中年男人,而且有了儿女。而李菊藕容貌俊秀,出身名门,举止端庄,正值大好年华,可一过门就要成为别人的继母。就连张爱玲的姑姑张茂渊(李菊藕和张佩纶的女儿)都说,父亲是配不上母亲的。

张佩纶去世那一年,他和李菊藕的儿子张志沂只有七八岁,他们的女儿张茂渊也不过两三岁。一个年轻的寡妇,独自抚养一双儿女,其中的艰难自不必说。

李菊藕虽是旧时代的女子,骨子里却独立坚强。只可惜,独立坚强的母亲,却培养出了一个温顺软弱的儿子。张爱玲的父亲张志沂,被李菊藕一手培养成了一个敏感细腻的软弱男人。

或许是担心儿子长大后成为纨绔子弟,李菊藕打算从童年时便掐断他身上任何可能贪慕虚荣的萌芽。她给儿子穿女孩子的衣服,不让儿子出门。久而久之,本就清瘦的张志沂,看上去真的仿佛一个大门不出二门不迈、见人就一副羞涩神态的"大家闺秀"。即便是偶尔出门,张志沂也贴着墙走,仿佛生怕被一阵风吹倒,毫无男孩子的阳刚之气。

很少有女孩子会喜欢弱不禁风的男孩子,尤其是像张爱玲的母亲黄素琼这样天生性格倔强的女子。可月老仿佛乱点了鸳鸯谱，让性格天差地别的两个人，偏偏从一出生就注定成为一对怨侣。

黄素琼的爷爷曾担任长江水师提督，在黄素琼还是个小娃娃的时候，就把她的终身大事定好了。黄素琼自幼就被裹了小脚，然而长长的裹脚布并没有裹住她的心。那些正在萌芽的新思想，一丝不漏地灌输进黄素琼的大脑里，让她成长为一个裹着小脚的新女性。

黄素琼天生美丽。在张爱玲看来，年轻时的母亲，如同一位全身笼罩着光环的女神。黄素琼总能在自己身上搭配出恰到好处的颜色，哪怕是鲜有人敢尝试的湖蓝色和水绿色衣服，穿在她身上也毫不突兀。服饰上的大胆配色，映衬出黄素琼骨子里的强势与倔强。

张志沂年轻时是个容貌端庄的男子，很秀气。只可惜，爱情似乎从来与容貌无关。黄素琼是新思想的追逐者，而张志沂的身上则有许多旧时的封建与传统思想。这样一新一旧两种思想，一强一弱两种个性，注定无法融合到一起。

尽管黄素琼对张志沂没有爱，但张志沂却深深地爱上了黄素琼，他渴望打开她紧锁的心门，却怎么也找不到正确的钥匙。于是，除了清晰地感受到黄素琼不爱自己，张志沂还从她身上体会到了深深的挫败感与自卑。

就是这样毫无爱情可言的一对夫妻,在婚后第五年才生下第一个孩子,就是张爱玲。

1920年,中秋刚过,张爱玲出生在张家那座位于上海苏州河畔的老宅子里。那是一座中西合璧的建筑,远远看去幽静典雅,只有住在里面的人,才能感受到那股陈旧的腐朽之气。

张爱玲一出生,就被黄素琼交给张家的佣人何干照顾。何干是张爱玲的奶奶李菊藕从娘家带来的佣人,亲手带大了张志沂和张茂渊兄妹,虽在照顾孩子方面经验丰富,但也无法代替亲生母亲给予孩子的亲切感与安全感。

若能记起生命最初的时光,不知该不该感到欣慰,那时的张爱玲能笑着面对周围的世界,还能纵情哭泣,以此宣泄对世事的不满。

张爱玲一生中似乎鲜少有真正开怀大笑的时候。小时候的她,并不知晓这个世界将来会带给自己那么多的忧愁。

小时候的她,是爱笑的,仿佛每天都有开心的事情。她曾说,自己爱这人生,想必源于小时候便凝固在思维里的对这个世界的眷恋。

张家有抓周的习俗,即将满周岁的张爱玲,也在一家人的热烈期盼中迎来这场隆重的仪式,让那些由家人精心准备的物件,为自己未来的人生做一场预判。

张家为她准备了一个大红的漆盘,里面摆着一支毛笔、一个顶针、一枚用红丝线串起来的古铜钱、一块红棉胭脂、一本书。在张家的佣人们看来,抓周仪式是神秘而又庄重的,他们表现出异常的关切,甚至远超过张爱玲的亲生父母。

刚满周岁的孩子,睁着一双好奇的眼睛,在面前那一大盘物品里反复搜索了半天,才伸手抓起了那支毛笔。或许在刚满周岁的孩子眼中,只有那细细的毛笔才能轻松抓握,可在大人们眼里,这象征着孩子的才情。毕竟对于曾经显赫一时的张家来说,一个孩子用笔写就的人生,是值得期待的。

父亲张志沂的脸上露出满意的微笑,就连对抓周仪式并不那么在意的黄素琼,脸上也有了些许笑意。虽然刚满周岁的张爱玲在拿起毛笔之后,又抓起了旁边的那块胭脂,也未让父母脸上的笑容减少半分。毕竟女孩子爱美是没有错的,爱美的才女,也是才女。

佣人们也围绕在张爱玲父母的身边讨着口彩,纷纷说小姐将来必定能嫁入书香门第,容貌也定会像女主人黄素琼一样美丽。在佣人们有限的认知里,女孩子嫁给什么样的人,才关乎未来的命运,他们想象不出一个女孩子能用笔做出什么了不起的事情。

虽然张家人都对这场抓周仪式表现出开怀和欣慰,但这毕竟是女儿的抓周礼,在一个封建大家庭中,没什么太值得期盼的。他们更期盼的是黄素琼肚子里的孩子的到来,尤其是张志沂,希望能有一个儿子来光耀张家的门楣。

黄素琼并不重男轻女，却也没有辜负张志沂的期盼。就在女儿的抓周仪式结束的几个月后，她为张家生下了一个男孩。从这个男孩降生那一刻起，两个孩子之间地位的不同便显露了出来。张志沂为儿子取名小魁，而直到儿子出生之后，他才勉强给已经一岁多的女儿起了一个听得过去的名字——小煐。

小煐并不知道弟弟的出生对长辈们意味着什么，只知道从此又多了一个玩伴，是值得开心的事情。然而，天性中的敏感，很快就让她褪去了孩童的天真。随着一天天长大，她从长辈们和佣人们的言行举止间，觉察到自己和弟弟之间某些微妙的差别。

母亲是这个家庭中唯一与小煐站在共同"战线"的人，最恨男女不平等的她，每当感受到家里佣人们的势利，便会忍不住强调："现在不兴这个了，都讲究男女平等了！"可惜，"男女平等"四个字，实在是钻不进这些佣人们如同石头般顽固的脑袋里。他们在女主人面前不说什么，却在背地里依然对小少爷表现出更多的关心与尊敬。

黄素琼索性不再理会他们，直接将男女平等的思想灌输给女儿。小煐从小便经常听母亲说，女孩子要自立自强。

尽管在张家女孩子的地位没有男孩子高，然而小煐自幼便表现得比弟弟更聪慧。她的天资遗传自母亲，敏感则遗传自父亲。她在感受到照顾自己的佣人在照顾弟弟的佣人面前处处矮一头后，心里便更加坚定，长大后一定要处处比弟弟强。

其实，佣人们根本不刻意掩饰对小魁的偏爱，即便小魁吃饭时不小心把筷子掉在地上，在佣人们看来都是"筷子落了地，四方买田地"的好兆头。而若是小煐不小心掉了筷子，佣人们则会忍不住数落她"又吃一嘴土"。

倔强的小煐总是马上顶回去，说自己将来也能买田地。佣人们却不屑一顾，轻蔑地笑着说，女人是没有买田地的资格的，就算买了，也是夫家买的，不姓张。

小煐还是小小的孩童，不会用更丰富的言语为自己辩解，只能不服气地瞪回去，在心里默默表达自己的不满。她记得家里的佣人们常说，"女人要认命！"可究竟什么是命？什么是认命？小煐不理解，也不认同。

有人说，不聪明的女人才好命。她太聪慧，聪慧得总能敏锐地察觉到世间的各种痛苦与不公。

纵然家庭情况复杂，这对姐弟也相伴着一起长大了。其实，弟弟本应是小煐最亲近的人，毕竟他们以孩子的身份，共同感受着家中逐渐衰败的气氛，以及父母的争吵带来的童年阴影。

除了父母之间的争吵，张爱玲还隐约记得，母亲与大伯母之间的关系也不太融洽。小煐的奶奶李菊藕去世那一年，张志沂刚满十六岁，张茂渊只有十一岁。年幼的姐弟俩还不足以担负起当家的责任，于是，张家的大家长，自然由张志沂同父异母的哥哥，也就是张佩纶和前妻的儿子来当。

张志沂的哥哥和嫂嫂，把尚未成年的兄妹俩不太放在眼里。而性格软弱的张志沂，从来都是哥哥和嫂嫂说什么就是什么，言听计从。黄素琼嫁入张家之后，因为新媳妇的身份，更是说不上话，可是看着张志沂对哥哥和嫂嫂处处退让的样子，就气不打一处来。

久而久之，黄素琼便萌生了离开老宅，另寻住处的念头。此时，一封从天津寄来的信，让黄素琼看到了一丝希望。

张志沂有一位名叫张志潭的堂兄，当时在天津任交通部部长一职。他为张志沂在天津谋到一份工作，虽然职位不高，只是铁路局的英文秘书，却让黄素琼开心不已。借着这个机会，张志沂便带着一家人迁往天津。

小煐已经记不清搬家时自己究竟是两岁还是四岁，只记得那时父亲继承了不少祖宗家业，仅房产就遍布上海、安徽、天津、河北等地，总共有八处之多。有很多房子的好处，就是举家迁往天津，也不用为住所发愁。

可供回忆的，都是过往。她用一场梦的时间来回味曾经，却惊觉半世年华都在感叹人生！

由南向北的迁徙，对于两个年幼的孩子来说，更多的是新奇。面对截然不同的风景，截然不同的风土人情，在短暂的不适应过后，两个孩子很快便融入其中。对于黄素琼来说，搬到天津，意味着自由——精神上的自由，她不由得开始期盼，希望身体也能获得真正的自由。

张志沂是一个被从小管到大的孩子，精神和身体被束缚久了，面对突如其来的自由手足无措，因为没有人再替他安排人生，他竟一下子迷茫起来。

从小到大，张志沂几乎从未自己决断过一件事情，被保护得太好，便经不起一点儿风浪，就连妻子与兄嫂之间的矛盾，对他来说都仿佛天大的困难。好不容易从困难中逃离，他才发现，独自撑起一个家庭，是更大的困难的开始。张志沂一生最大的错误，就是不懂得掌控自己的人生。

张志沂算是一个晚清遗少，自幼衣来伸手，饭来张口。他曾经以为，读"四书五经"就是天大的事情，是男子唯一的出路。于是，对于传统旧学识，他样样精通，前半生最大的理想，就是像祖辈那样在科举考场上谋求荣耀。谁知，他的状元梦还没开始，晚清朝廷便取消了科举考试。一只脚还未踏出家门的张志沂，走出家门的唯一道路忽然之间被封死了。

在小煐的记忆里，母亲不是一个思想保守的女人，尤其痛恨腐朽的封建习气。尤其是在搬到天津，正式开始独立生活之后，黄素琼对张志沂的懦弱与堕落再也无法容忍。

刚搬到天津的时候，小煐也曾感受到短暂的快乐。每天早上，黄素琼都会让佣人把小煐抱到自己床上，教她背唐诗。稚嫩的童声，总能让母亲的心柔软下来。尽管小煐把唐诗背得没那么流畅，也会让黄素琼的脸上浮现出笑容。

午休之后，小煐的功课是认字。黄素琼给她布置的任务是每天认两个字，奖励则是两块甜丝丝的绿豆糕。那是小煐童年记忆里最甜蜜的气息。其实，认字的成就感和绿豆糕的香甜，都比不上母亲赞许、肯定的笑容。

如果能预料到幸福总是短暂的，那时的小煐或许会尽可能多地享受在母亲身边依偎的日子。许多人以为平淡才是生活的常态，却不知对于某些人来说，平淡的日子就是奢望。

张志沂在经历了短暂的迷茫之后，不知为何突然拥有了一种盲目的自信，或许是因为第一次享受到成为一家之主的感觉。此刻，他心底萌生的不是对一家人的责任，而是再也无人能约束自己的任性。

他不知从哪里结识了一群狐朋狗友，在他们的怂恿下，将童年时因母亲管束而没尝试过的陋习统统学了起来，整日与人花天酒地，在妓院、赌场与鸦片烟馆里大把撒钱，还养起了姨太太。黄素琼再也无法容忍，开始与张志沂争吵，斥责他的堕落，而刚刚开始尝试着反抗的张志沂，则把妻子当成了第一个试验品。黄素琼越不让他做的事情，他偏要变本加厉地去做，仿佛是在发泄自己内心经受的所有委屈与苦闷。

至于嫖妓、纳妾，在张志沂看来，那都是一个男人理所应当的行为，如果黄素琼不能容忍，就是她的错。于是，他们之间的争吵越来越频繁,越来越激烈,两个年幼的孩子都不能让他们收敛一些。在父母无数次剧烈的争吵中,小煐与小魁躲在一旁瑟瑟发抖。

每次他们开始争吵时,佣人们就会把姐弟俩抱到院子里。佣人们以为,只要离开争吵的环境,小孩子就会在玩耍中忘记害怕和忧愁,完全低估了父母的矛盾给孩子造成的心理阴影。这对小小的姐弟无声地站在院子里,对任何玩具都提不起兴致。多年以后,张爱玲回想那时的心情,依然心有郁结。

张志沂没想到,自己的亲妹妹竟然站在自己的对立面。同样是新派女性,张茂渊和嫂子黄素琼站在了同一战线。张志沂觉得自己突然失去了争吵的力气,他开始逃避,以为双方不见面就不会争吵,于是,他流连在妓院、赌场、鸦片烟馆之间,回家的次数越来越少。

眼看无法让张志沂上进,黄素琼绝望了。张茂渊也站在嫂子这一边,像出走的娜拉那样,她们开始谋划一场"逃离"。黄素琼想要结束这段婚姻,唯一的牵绊,就是两个尚且年幼的孩子。

究竟是为了孩子继续忍下去,还是追求属于自己的人生?黄素琼不是没有纠结过。可只要一想到未来的岁月如同望不到尽头的深渊,她便不甘心让这样一个支离破碎的家禁锢住自己追寻梦想和自由的脚步。

如果说只为自己而活是自私的事,那索性就让自己自私一次吧！所谓的"好媳妇""好母亲"头衔，都不是黄素琼为之奋斗的目标，她要做自己。

下定决心之后，黄素琼的内心反而平静了。她想出国留学，即使没上过学堂的她连一句英文都不会说，也不能打消她出国的念头。对一个有独立精神的女人来说，不会的事情可以学，语言不通不是问题。

那么孩子呢？没有了母亲的陪伴，他们该怎么办？黄素琼坚信，即便张志沂是个不称职的丈夫，也不会将自己的孩子丢弃不管，张家的佣人们也会好好照顾两个孩子的生活。

一切准备妥当后，连借口都是现成的——小姑子张茂渊要出国留学，因为年龄小，又是女孩子，必须有监护人。黄素琼直截了当地对张志沂提出，自己打算当这个监护人，陪小姑子一同去欧洲留学。

欧洲，那样遥远，又那样令人向往。对黄素琼来说，那里代表着新生。而对年幼的小煐来说，那里成为她生命中的爱与痛之地，因为那里是她母亲在的地方，那里却也夺走了她的母爱。

② 与时间一起长大

张志沂对黄素琼是又爱又怕的。身为妻子,黄素琼总是督促张志沂上进,可张志沂偏偏是个连对工作都"三天打鱼,两天晒网"的人。黄素琼为此不止一次指责张志沂是纨绔子弟,一身晚清遗少的习气。

或许,一个满脑子封建旧学的人,根本不明白一个女人为什么有对自由生活的追求。因此,当黄素琼提出要陪张茂渊出国留学时,张志沂的第一反应是惊讶,紧接着就是恼火。他觉得自己对黄素琼真是太宠爱了,宠得她无法无天,竟然准备做出抛夫弃子的事情。根本不需要考虑,张志沂立刻表示反对。他反对的理由却很可笑——不知道该怎么对亲友解释!

黄素琼觉得张志沂简直不可理喻,自己的生活,凭什么需要向亲友解释?张志沂的坚决反对让黄素琼绝望了,她对这个家的一点点眷恋,由此消耗殆尽。她开始收拾行李,和张茂渊一起做远行的准备。两个人装了几箱古董，这些古董足够她们在欧洲生活得很好。

张志沂仿佛在一瞬间明白了一个道理——锁得住人，锁不住心。一个心都不在自己这里的女人，就算勉强留下来，又有什么意义呢？

临行之前，黄素琼抱着小煐和小魁哭了好久。眼泪，被小煐当作母亲给自己的临别赠礼。在母亲离开的那些日子里，每当回忆起母亲的那些眼泪，小煐对母亲的埋怨似乎总能消散一些。

张茂渊派佣人来催了许多次，黄素琼还是拉着两个孩子的手依依不舍。后来，佣人们都不再催促了，只得不断地给小煐使眼色。小煐不知道自己为何竟读懂了那种眼神的含义，并且鬼使神差地开口提醒母亲：时候不早了。

黄素琼的双眼已经哭得红肿，仿佛没听到小煐的提醒。小煐不知所措地看向照顾自己的佣人，看到她在用口型提醒自己再说一遍。于是，小煐便将催母亲离开的话又重复了一遍。

母亲只是哭，还是没有任何回应。小煐有些怕了，不知道是不是因为自己说错了话，才让母亲更难过了。她那么小，还体会不到什么叫作离愁，只知道那时的自己无比忐忑。

纵然有万般不舍，母亲也还是走了。虽然距离使这对母女加深了隔阂，可即便多年未见，旁人眼中的小煐，清冷孤傲的个性还是与黄素琼十分相像。

离别之际,张志沂又一次表现出他的懦弱。因为不敢直面别离,他竟然到姨太太那里躲了起来。或许他以为,只要不亲眼看到黄素琼登船离开,被抛弃的痛楚就会少一些吧。

多年以后,小煐才知道,母亲和姑姑出国,在亲友中引起了轰动。或许,这其中有人羡慕她们走得洒脱,但更多的人,还是不解与鄙夷。

一声汽笛的长鸣,宣告着离别时刻的正式到来。小煐和小魁被佣人抱在怀里,只见母亲的身影越来越远。小煐没有眼泪,她还没体会到离别的悲伤。

从那天起,"母亲"两个字,在小煐心里成了一个名词,不再有具体的形象。佣人们像往常一样照顾着小煐的饮食起居,生活仿佛没有任何变化,却又仿佛一切都不一样了。

母爱,是小煐童年最大的缺失。可她从不承认母亲的离开对自己的生活产生了影响,一直倔强地欺骗着自己。

母亲在国外的生活,都是小煐后来听说的。异国他乡,为母亲提供了新鲜的空气。在那里,她不再是裹着小脚的中国妇女黄素琼,而是重生的新女性黄逸梵(黄素琼出国时自己更名为黄逸梵,下文均称黄逸梵)。

小煐不知道母亲在国外的日子里,有多少时间用来思念自己。她只知道,自己对于母亲的思念,似乎并没有那么强烈。多年以后，她曾写下这样的文字："最初的家里没有我母亲这个人，也不感到任何缺陷，因为她很早就不在那里了。"

除了看不到母亲的身影，不能亲口呼唤母亲，家里的一切似乎都与母亲在时一样。或许从那时起，小煐便渐渐地明白了一个道理——少了谁，生活都要继续。

本是天真烂漫的年纪，小煐却过早地学会了在寂静中独处，并且由衷地觉得，母亲离开家后，生活似乎又重回久违的宁静。

没有了黄逸梵的督促与埋怨，张志沂更是自由到放纵。他的姨太太是堂子里的女人，因为是老鸨养的第八个女儿，所以大家都叫她老八。张志沂把姨太太安置在一处公馆，时时地还会带小煐到公馆去。

小煐起初是拒绝到公馆去的，她不愿意待在一个陌生女人的身边，每次都用大哭来表达自己的抗拒。可惜她终究还是拗不过父亲，即使一双小手紧紧地抓住门框，死活不肯出门，也还是会被父亲生气地扛着到公馆去。

其实，在母亲出国之前，小煐就被父亲偷偷带去过公馆。家里的佣人们没见过姨太太，他们也曾在私底下讨论，猜测姨太太肯定是个年轻漂亮又风流的女子。只有小煐知道，姨太太不仅算不上漂亮，年纪也算不上年轻，瘦瘦小小的，一副娇弱的模样。小煐觉得自己的母亲比她漂亮多了，可再仔细看看，又能从她的眉眼间找到一些与母亲相似的地方。

长大后的小煐,终于读懂了父亲。原来,他心底那个爱人的轮廓,自始至终都是黄逸梵的样子。他找过很多女人,无论是妓女还是姨太太,清一色的瘦削身材,眉眼间都与黄逸梵有相似之处。这是一种执拗到令人感到悲哀的爱,些许的神似,就足以让他如获至宝。

黄逸梵走后没过多久,姨太太便正式入住张家,成为名义上的女主人。自从姨太太搬进来后,家里短暂的宁静被打破了,一下子变得热闹了起来。她是一个善于交际的女人,经常举办宴会。家里总有一大群客人登门,他们笑着,闹着,仿佛生活的每一秒都是快乐的。

姨太太很喜欢小煐,每天晚上去起士林跳舞时都要带上她。小煐对跳舞并不感兴趣,唯一吸引她的,是舞厅里好吃的奶油蛋糕。蛋糕上白白的奶油抹得厚厚的,最能勾起小孩子的食欲。小煐每次都能吃掉整整一块,然后满足地靠在椅子里,看着舞池中的人们不停地旋转,然后困倦地闭上眼睛。舞会总在凌晨结束,佣人们会把睡着的小煐先背回家。

小煐并不讨厌舞厅,反而喜欢这种充斥着人们的说话声和笑声的环境。毕竟一个人在喧闹的环境中独处,总是别有意境。尽管那个时候的她还体会不到这一点,但那种在沉静中洞悉人情的个性,已经渐渐有了雏形。

姨太太爱美,会打扮自己,也会打扮小煐。她还给小煐买来和自己同样款式的衣服,两个人一起穿着出门逛街,仿佛一对亲母女。

在小煐的记忆中,亲生母亲与自己之间都没有过这样地亲密,尤其是当得知那些时髦的衣服还价格不菲时,小煐彻底被姨太太的宠爱融化了。只不过,每次给小煐做完衣服,姨太太总忍不住"邀功"。她总是拿自己和黄逸梵进行比较,一边把新衣服往小煐身上套,一边说:"看我待你多好!你母亲给你们做衣服,总是拿旧的东拼西改,哪儿舍得用整幅的丝绒?你喜欢我还是你母亲?"

即便是像小煐这样小的孩子,也猜得出姨太太最想听到的那个答案,所以每次她都毫不犹豫地回答:"喜欢你。"这三个字总能让姨太太的脸笑成花。

其实,小煐对母亲的思念,本就没那么强烈。母亲和姑姑时常从国外寄一些礼物回来,有时是衣服,有时是玩具。佣人们总是时不时地提醒他们是谁给了这些礼物,末了还要叮嘱一句:"你们要记得啊!"

小煐记得母亲曾经从英国给自己寄回来一个洋娃娃,自己并不怎么喜欢。因为小煐的衣服全部是中式传统的式样,她认为把那个洋娃娃抱在怀里,显得有些格格不入。

张爱玲后来曾在文字中描述过,中式衣裤与洋娃娃,就像父亲与母亲,永远无法融为一体。

张志沂虽然更看重儿子,却也并不赞成"女子无才便是德"。他认为女孩子从小就要下功夫饱读诗书,底子打得越早才越扎实,若是启蒙太晚,难免只能略懂一些书中的皮毛。

小煐算得上是个早熟的孩子,在写作文采方面也表现得更加早惠。即使张志沂对儿女的事情不太关心,也发现了小煐在文学方面与生俱来的才华。

于是,父亲的书房,对小煐敞开了大门,那里也成为小煐快乐的天地。一本本厚厚的诗书,成为滋养她灵魂的土壤,她如饥似渴地从诗书中汲取着养分。父亲也十分欣慰,鼓励她多识一些字,多读一些书。

张志沂觉得小孩子光凭自己用功,很难取得大的进步,于是为一双儿女请来一位私塾先生。尽管外面的世界已经被全新的知识、全新的思维装点得变了模样,小煐却依然在父亲的安排下埋头学习那些张家祖祖辈辈都在学习的传统旧学。

这算不上一件坏事,因为张爱玲成为知名作家后,人们对她深厚的旧学底子非常钦佩。甚至可以说,是父亲亲手将她送上了文学创作的道路。

父亲请来的是一位五六十岁的老先生。拜师礼在张家是件大事,佣人们特意为小煐和小魁精心打扮了一番,让他们尽量以庄重的姿态出现在先生面前。而小煐却体会不到太多庄重的感觉,反感的情绪更多。她本就是一个讨厌繁文缛节的女子,一直守护着自己的偏执，厌憎到底，倔强得很。

小煐在私塾上的第一堂课便是《论语》，教材是木刻的大字线装版。一天下来，两个孩子被油墨搞得脏兮兮的。从学堂走出来的姐弟俩，仿佛两个从煤窑走出来的小童工。第一天进私塾的情景，让小煐一辈子记忆犹新。

也就是从那个时候开始，小煐开始学习写诗。她自己最满意的诗，是一首七言绝句，叫《咏夏雨》，其中两句"声如羯鼓催花发，带雨莲开第一枝"还被私塾先生夸奖过。至于其他几首诗，小煐自己也觉得实在稚嫩得不像样子。

可惜，私塾先生没过多久就走了，小煐和小魁没了老师，只能时不时地跟着父亲学点旧学知识。就这样学一阵停一阵，小煐在写作方面的天赋渐渐显露了出来。父亲非常高兴，鼓励小煐多写文章，多写诗。

小煐对文字的敏感遗传于父亲，对色彩的敏感则遗传于母亲。读书的空隙，她会在画纸上随便涂画，大多都是浓艳的色彩，与她后来阴沉的心境形成了鲜明对比。浓艳的色彩仿佛能照亮小煐的世界，因此，她更喜欢西方的油画，对中国的国画并不太感兴趣。

成长每一天都在继续，转眼，小煐已经七岁，在许多孩子刚刚开始读书的年纪，小煐已经读完了《三国演义》《红楼梦》等大部头著作。

年仅七岁的孩子，一提笔便写悲剧，这着实让人有些心疼。她心底的某个角落，应该是盛满了悲伤的故事，让她根本写不出孩童的纯真。

无论擅长什么题材的写作，小煐的创作天赋是不可否认的。她有时也会向报社投稿，自己还像模像样地设计了一份家庭报纸，仿照的就是当时报纸的版式，里面的图片和文字都是她独立完成的。这份小小的报纸简直成了父亲向亲朋好友炫耀的"神器"。父亲每次提起，言语神色之间都盈满了因女儿产生的骄傲。

偶尔，小煐也会突然强烈地思念母亲，却从不对任何人提起。尤其在父亲面前，她更是寡言少语。她已经学会如何完美地掩藏自己的各种情绪，一个只有七岁的小女孩，脸上却已经有了饱经人事历练之后才有的波澜不惊。

在小煐看来，人与人之间的相处才是最复杂的，因为父亲和姨太太在过了几年平静的日子之后，也开始了无休止的争吵。

这几年，张志沂越发放纵了，他嫖妓、赌博、抽鸦片烟，根本抽不出空去上班，把一份好好的工作就这样丢了。任何一个女人，都接受不了这样一个不负责任的男人。起初，张志沂只是和姨太太争吵，到后来开始拳脚相向，还让姨太太滚出去，张家上下没有一个人帮姨太太说话。她开始忙里忙外地收拾东西，小煐从她的脸上读出隐藏不住的寒心。

姨太太就这样带着两大车东西走了。小煐并未因为她的离开感到伤心,可能她自幼就经历过亲人离别,更容易接受吧。

人世间的事不过就是如此,有来有去,哪有什么永恒?

③ 往事与预言诗

小煐本以为经历得多了，就真能做到心如止水，然而，每一次变数，却都牵系着情感，让她时悲时欢。

就在她以为生活能再一次平静下来的时候，一个远方传来的消息再一次让张家上下沸腾起来——黄逸梵和张茂渊要回国了。

张家的每一个人都仿佛迎来了天大的喜讯。父亲显得十分激动，消息传来不久，就只身前往上海了。小煐从佣人的口中得知，母亲和姑姑会直接回上海，父亲先行一步，到上海去找房子，等一切安排妥当，她和弟弟就会和佣人们一同过去。

佣人们开始忙忙碌碌地收拾东西，时不时会有人跑到小煐面前问她："要回上海了，高不高兴？"她开始认真地思考这个问题，心里有个声音告诉她："高兴的！"高兴的原因是什么呢？是因为上海是自己的出生地吗？离开时她还太小，哪里还有多少有关上海的记忆。她不禁再次问自己,心底的声音似乎带着嘲笑的语气:"还不是因为母亲要回来了!"

上海,一个熟悉又陌生的地方,想到即将去那里开始全新的生活,她忍不住问佣人:"上海是什么样子的?"佣人不知如何描述,搜肠刮肚地想了半天,才答非所问地说:"要经过黑水洋和绿水洋。"

直到启程之后,小煐才发现佣人说的没有错,他们的船的确是经过了一片漆黑的水域和一片碧绿的水域。那无边无际的黑与绿,让小煐的心情十分畅快。对于一个孩子来说,这段旅程略显漫长,却并不寂寞,因为有许多书可以陪她在船舱里打发时间。

终于,在一个闷热的日子里,佣人们簇拥着小煐姐弟俩,登上了上海的码头。那一天,佣人特意给小煐穿上一套粉红底子的洋纱衫裤,上面还缀着仿佛正在翩翩起舞的蓝色蝴蝶。从码头坐马车去往住处的路上,小煐的心情愉悦极了。她说不清这快乐的缘由究竟是来到一个新的生活环境,还是即将与母亲重逢。

位于上海的新家是一处很小的石库门房子,小孩子对居所是没有要求的,光是看到房子上的红油板壁,也能让小煐轻易地快乐起来。

佣人们看上去似乎比小煐更加高兴,他们高兴的理由很直接——女主人回来了。他们觉得这才是一个家应有的样子，有丈夫，有妻子，儿女双全，这样的家才称得上完整。

为了彰显欢迎仪式的隆重，张志沂特意派黄逸梵从娘家陪嫁过来的男佣人开车，跟随他一同去码头接黄逸梵和妹妹，小煐姐弟和其他的佣人们则在家里做好迎接她们的准备。看着佣人们那喜悦又兴奋的样子，小煐脑海中突然浮现出《红楼梦》中的经典场面——元妃省亲。

小煐上身穿着一件橙红色的丝绵小袄，下身穿着一条黑色的丝绵裤子。虽然这套衣服已经有些旧了，却依然是她最喜欢的衣服，她觉得这样的搭配让自己看上去很俏皮。

在佣人们的情绪感染下，小煐对母亲的归来越发期待。她伸长了脖子一次又一次地望向大门口，可是，足足等了一个下午，却看到佣人自己开着车回来了。佣人说，太太一到码头就被小煐的舅舅接走了。小煐心头刚刚燃起的小火苗，突然被一盆凉水彻底浇熄了。若是从一开始就不那么期盼，面对未见到母亲的情况，小煐便不会觉得失落。人一旦有了期待，就容易受伤。

当黄逸梵和张茂渊回到家的时候，天已经黑了，小煐和弟弟已经吃过了晚饭。佣人们又特意给两个孩子装扮一下，才将他们带到客厅与母亲见面。一别四年，小煐记得母亲看到自己的那一刻是眼含泪水的，她还记得母亲在离家之前抱着自己痛哭流涕，怎么都不肯撒手的样子。

小煐感觉到自己的心跳越来越快，快得已经能听到"怦怦"的声音。还没走进客厅，她就远远地瞥见两个美丽的身影。她们都穿着淡褐色的连衣裙，像泥土的颜色，一个深一些，另一个浅一些，都是当时最流行的款式。客厅的地上堆满了她们带来的行李，而这两个美丽的女人则优雅地坐在椅子上，与这个家的陈旧氛围格格不入，仿佛只是两位随时会离开的客人。

小煐站在母亲面前，有些拘谨。她原本想对母亲笑一笑，开口叫一声母亲，可母亲突然先开口了，用冷冰冰的语调对着佣人说："怎么能给她穿这样小的衣服？太小的衣服会把她拘住，让她长不大。"小煐一下子愣住了，这就是母女久别重逢的开场白？并且，她凭什么这样批评自己最喜欢的一套衣服？

批评完衣服，黄逸梵紧接着批评小煐的发型。她说刘海儿留得太长了，会盖住眉毛，并且自作主张地让佣人把小煐的刘海儿剪短。她根本没有问小煐的意见，不知道小煐从来都不喜欢短刘海儿。

小煐满心期待的温暖感人的重逢场面没有出现，只遭到一番猝不及防的批评，她有些委屈，又有些害怕不被母亲喜欢。或许这次重逢在她的心底埋下了阴影，后来只要是和母亲在一起时，她总是小心翼翼的，生怕惹母亲不高兴。母女之间的距离，便在这些谨慎与揣测中被渐渐拉开了。

其实,黄逸梵的批评不只是冲着小煐一个人来的,一旁懵懵懂懂的小魁也"遭了殃"。姑姑张茂渊本来想转移一下话题,圆个场,便一个劲地夸赞小魁长得漂亮。没想到黄逸梵脱口而出:"他太瘦了,男人漂亮有什么用?"

多年以后,小煐才想明白,母亲那时人虽然回来了,但心还留在国外。重逢的那天晚上,临睡之前黄逸梵曾经拉着她的手,说自己这次回来,只是暂时替张志沂管家的。

原来,母亲回国的理由与自己毫无关系,而且,她还是会走的。一想到这点,小煐感觉更加失落。对于黄逸梵来说,这个家是羁绊,而不是留恋。对于回国这件事,黄逸梵心中仿佛窝着一股火,另外,她对张志沂选的这所石库门房子也不满意,觉得根本没法住人。张志沂只得连连退让,对她说只是暂时住这里,等她亲自挑选到喜欢的房子就立刻搬家。

如果黄逸梵在回国之前就知道张志沂已经吸食鸦片成瘾,不知道她还会不会同意回来。虽然张志沂已经做出了痛改前非的姿态,但对鸦片的依赖并不是一下子就能戒除的。一次,他因过量吸食鸦片,整个人仿佛疯了一样:坐在阳台上,头上搭着一块湿手巾,两眼直勾勾地看着外面的大雨,嘴里含糊不清地嘟囔着让人听不懂的话。

小煐第一次看到父亲这个样子,非常害怕。姑姑张茂渊倒是不害怕，而是气得够呛。她叫来几个长得人高马大的佣人，让他们把张志沂拖去看医生。见张志沂好像疯了一般拼命挣扎，几个佣人只好把他捆起来，好不容易才送去一个法国医生那里。

在张志沂住院的日子，黄逸梵找到了一处花园洋房——一所非常漂亮的房子，如同童话中的乐园，里面有小煐喜欢的一切。一段时间之后，张志沂出院了，看上去非常健康。黄逸梵也不像刚回来时那样处处不满，来串门的亲戚朋友越来越多，这所美丽的花园洋房上空，终于开始飘荡起欢声笑语。

母亲的归来，对于小煐来说，还是足够令她在无人处偷偷雀跃的。但她不会像别的女孩子那样依偎在母亲身边撒娇，因为她从母亲的言行举止当中似乎读出一些讯息，或许母亲也没有将她揽在怀里呵护的欲望吧？但是，母亲的归来，确实为她那段如同沉沦于泥淖的童年记忆涂上了些许亮色。甚至可以说，她能清晰地感受到，周围的一切都开始变得与以往不同了。

小煐眼中的母亲，美丽、优雅。她尽量让自己在母亲面前不像一个不懂事的小孩子，根本无法掩饰自己对母亲的崇拜。

从海外游学归来的黄逸梵，变成了社交达人，有许多朋友。她的每个朋友都有令人敬服的才华，这其中还有许多洋人，他们都成了黄逸梵家中的常客。长大后的小煐记得，那时的自己经常和弟弟待在母亲身边，周围有许多母亲的朋友，还有姑姑张茂渊。姑姑常常用纤纤玉指在钢琴上弹奏出极其优美的旋律，而美丽的母亲则轻倚在钢琴旁唱着动听的歌。

那仿佛是小煐记忆中最美的歌声。每当母亲开口唱歌时,小煐就会兴奋地和弟弟交换一下眼神,内心骄傲不已。而这样美好的场景,就如同一幅油画,美丽又温暖。

④ 踏着母亲的脚步

没有母亲宠爱的童年，终是会让孩子少几分肆意、纯真。在小煐的记忆里，仿佛有一条不成文的规定：被宠爱的孩子，才有资格童言无忌。而她是没有这样的资格的，因为没有人有耐心去包容她言语中的错处。于是，她渐渐变得更加沉默，也学会了在沉默中用一双明亮的眼睛去洞察他人言行背后的深意。

母亲和姑姑的朋友经常让家里非常热闹，小煐记不清母亲这些朋友的名字，甚至记不清他们的容貌，只记得他们都是和母亲一样漂亮的人。而脸上带着笑，穿梭在人群中的母亲，则是整个房子里最美丽的女主人。

小煐不知道母亲什么时候学会了做西方的糕点。在她看来，那些精美又小巧的蛋糕，只有会变魔术的人才变得出来。而此刻，她美丽的母亲，就是那个会变魔术的人。

每次请朋友来家里聚会，母亲总会亲手做出漂亮又香气四溢的蛋糕,煮好香甜的奶茶。这样的气味是小煐之前从未闻过的,她更愿意将之称为母亲的气味。而父亲的气味呢?就是在他身边缭绕了多年的鸦片烟的味道。仅仅是这两种无法融合的气味,仿佛就已经预示了父母二人的关系终将走向决裂。

当然,尽管如小煐这般早熟的孩子,也无法预料父母日后的分离。她只知道,此刻的生命中,终于有了一些能用"美好"等字眼来形容的事情。比如,母亲会征求她的意见,问她想学音乐还是绘画。母亲的关注,比任何事情都更让小煐激动。可尽管如此,习惯了察言观色的她,还是无法像别的孩子一样遵从自己的本能喜好去选择,而是开始揣摩母亲的心思:究竟母亲是更喜欢让自己学音乐还是绘画?

思考了半晌,小煐没有答案。她只好说自己需要好好想一想,暂时拿不定主意。黄逸梵也觉得女儿还小,既然要好好培养,那慎重选择一下也是应该的。

或许连小煐自己也没有想到,影响她做出决定的,竟然是和母亲、姑姑一起看的一场电影——电影的主人公是一个落魄的画家。多年以后,电影的名字和具体的内容,她已经记不清,只记得电影中的画家过着贫穷凄惨的生活。小时候的她只要一联想到学了画画就要过电影中的画家那样的日子,就会觉得非常可怕。

母亲看着边看电影边掉眼泪的小煐,为女儿对艺术的敏感而激动不已。她根本不知道女儿的小心思,也不知道女儿的眼泪不是出于对艺术的感动，完全是对贫穷生活的恐惧。看完电影后，小煐做出了决定。她告诉母亲，她不要学画画，要学音乐。

其实，小煐是喜欢画画的。她从小就喜欢在纸上涂涂画画，即使成年以后，对绘画的喜爱也从未改变过。可是，对贫穷生活的恐惧，战胜了内心的喜好。在小煐当时的认知中，音乐家是在金碧辉煌的音乐厅里演出的，特别美好。

其实，学了画画也不一定会像电影中的主人公那样活得狼狈凄惨。但黄逸梵也知道，一个学画画的人，在成为知名画家之前，日子也的确宽裕不到哪里去。于是，她支持女儿学习音乐的决定。至于究竟学习哪样乐器，她还是想听听小煐的想法。

听完母亲的问话，小煐立刻开始揣测母亲更希望自己学习什么乐器。她记得，母亲似乎不太喜欢小提琴的声音，想着想着，小煐脑海中忽然出现姑姑弹钢琴，母亲在钢琴旁边唱歌的画面。画面中的母亲，脸上露着甜美的笑，小煐看得出来，母亲非常喜欢听钢琴演奏的声音。她几乎脱口而出："钢琴。"说出口的一瞬间，小煐能听到自己小小的心脏正在"怦怦"地剧烈跳动，因为她不确定这个答案是否是母亲想要的。

幸好，她的决定换来了母亲赞许的点头。小煐在心里暗暗地长呼一口气，庆幸自己做对了选择题，否则母亲一定会因为自己的错误选择而不高兴。

小煐对母亲的情感实在有些复杂，就连她自己也说不清是爱还是怕。或许，与爱、怕都无关，只是一个长久得不到母亲宠爱的孩子，在想方设法讨好母亲，又不希望被母亲发现。小煐的这种感情，复杂又纠结，且延续了一生。

多年后，她曾在《私语》中写道："画图之外我还弹钢琴，学英文，大约生平只有这一个时期是具有洋式淑女的风度的。此外还充满了优裕的感伤，看到书里夹的一朵花，听我母亲说起它的历史，竟掉下泪来。我母亲见了就向我弟弟说：'你看姊姊不是为了吃不到糖而哭的！'我被夸奖着，一高兴，眼泪也干了，很不好意思。"

母亲为小煐请来的钢琴老师，是一位来自俄国的钢琴家，学费不菲，但母亲认同，父亲的态度却截然相反。然而从欧洲留学归来的黄逸梵，早已成为新派女性。母亲尽管裹着一双小脚，还学会了游泳，这一点令小煐十分佩服。为了成为和母亲一样的新派女性，为了日后也能像母亲一样去欧洲留学，她心甘情愿地学习着母亲安排的课程。

除了让小煐学钢琴，黄逸梵还希望让她接受西方教育，将她培养成欧洲上流社会的淑女。于是，黄逸梵决定送女儿去读小学，因为让女儿只在家里读书是远远不够的。

这个想法再一次引燃了黄逸梵和张志沂之间争吵的导火索。保守的张志沂无论如何也接受不了让自己的女儿到外面去读书，黄逸梵则与他据理力争。突然之间，小煐感觉仿佛又回到了过去的日子。父亲与母亲之间的争吵，只要一开始，便再也无法停止。

倔强的黄逸梵，根本不屑于从丈夫那里获得认同，她悄悄带着小煐去朋友的学校黄氏小学报了名。填写报名表时，黄逸梵再也忍受不住对"张煐"这个"土气"名字的厌恶，她决定为女儿改名，就用女儿英文名Eileen的谐音——爱玲。

张爱玲并不觉得自己的新名字有多么洋气，但只要想到这是母亲取的名字，就对这个名字多了几分喜爱。就连对待自己的名字，她也要去揣测母亲的喜好。她并不知道，这不过是母亲临时随意取的名字，并且打算将来想到好的再换，只是这"好"的名字迟迟没有出现。于是，张爱玲这个名字，伴随了她的一生，还在整个华语文学界占据了一席之地。

黄逸梵与张志沂之间的关系变得越来越糟糕，两人争吵的次数也越来越多。他们的婚姻，就像一座即将倒塌的围城。

张志沂又抽起了鸦片，将之前对黄逸梵的种种承诺都抛到了脑后，又变回那个赌钱、逛堂子的晚清遗少。他仿佛一个叛逆期的孩子，在得不到心爱之人的爱之后，就变成她最讨厌的样子，似乎这样才能找回一些廉价的尊严。

在张爱玲的记忆里，总会出现这样一个画面：她和弟弟在佣人的陪伴下，静静地在阳台上骑着脚踏车，环绕在他们周围的不是轻快的音乐，而是父母激烈的争吵声。从竹帘透进来的晚春阳光密密地洒在他们身上，原本温暖的场景却蒙上了晦暗的色调。如同做了一场抽掉人全身力气的噩梦，他们无论怎样挣扎都无法逃离。

终于，黄逸梵为这段婚姻判了"死刑"。在欧洲生活了四年，她拥有了更加渴望自由的灵魂。就像笼子里的鸟，一旦飞出去见识过天地的广阔，就再也不会心甘情愿地回到笼子里。

张爱玲小时候从未听说过身边有离婚的人，尤其是女人提出离婚，这简直是挑战了所有思想守旧的人的底线。在他们的意识里，再不幸的婚姻，也必须坚持下去。黄逸梵一提出离婚，张志沂怒不可遏，狠狠地发了一通火之后，便打定主意坚决不离婚。

黄逸梵已经铁了心，哪怕是打一场持久战，她也必须名正言顺地从张志沂身边离开。于是，她聘请了一位英国律师，和张志沂打起了离婚官司。

在律师面前，张志沂坚持不离婚的一切理由都站不住脚，无奈，他只能同意。可在签署离婚协议的那一刻，他又反悔了。

律师只好再次和张志沂交涉，然而每一次到了签字的时刻，张志沂又会再一次反悔。就这样拖了一次又一次，黄逸梵再也没有耐心了，她告诉张志沂，拖得再久也没用，因为她的心早已像一块木头。她那冰冷的语调和冷漠的眼神，终于让张志沂认清现实，知道这件事再也没有回旋的余地了。他静静地看着黄逸梵美丽的脸，回忆着两人共同生活的曾经，过了半晌，才长长地叹了一口气，在离婚协议上签了字。

黄逸梵终于得到了渴望已久的自由。她并不是一个坏母亲，不希望女儿重复自己糟糕的前半生。于是，她对张爱玲的教育问题特别看重，虽然把两个孩子的抚养权都留给了张志沂，她却执意要把张爱玲的教育权掌控在自己手里。按照离婚协议，所有关于张爱玲的教育问题都必须征得黄逸梵的同意，就连张爱玲读的书都必须经过她的许可。

在黄逸梵的坚持下，张爱玲被送进圣玛利亚女校读书。那是上海最著名的贵族女校，因为是教会学校，所以对英语教育非常看重，这里的学生都能说一口流利的英语，此外，这里的课程安排也非常丰富，除了文化课，还有烹饪、缝纫、园艺等课程。

只不过，在这里上学的女孩子，大多数都希望嫁给一个出色的男人，没想过用所学的知识让自己有所成就，只有张爱玲例外。

学校里安排的种类繁多的课程，张爱玲从来都提不起兴致，只喜欢看书和画画，很少参与女孩子们的团体活动。同学眼中的她，不活泼，也不爱笑，缺乏年轻女孩子的活力。没有人知道，她的一颗心，早在童年时代就已经苍老。

人们常说孩子是父母离婚的牺牲品，张爱玲却没有这种感觉。相反，她是赞成父母离婚的。毕竟一见面就争吵不休的夫妻，硬要生活在一起，才是对孩子最大的伤害。张爱玲觉得，父母离了婚，不过就是不住在一起而已，而这样的生活她从小就已经习惯了。她只要想见母亲，就可以随时去看望母亲，并且整个家都因为他们的离婚变得安静了下来。

一同和黄逸梵搬出张家的，还有张茂渊。她虽然是张志沂的亲妹妹，却和黄逸梵一样看不惯他的所作所为。于是，她们一起租了个小洋房，那自由的姿态，让张爱玲羡慕不已。

人生如同一场漫长的旅行，每个人都是旅途中的行人，有相逢，便有别离。

第二章

初放·爱自己，要趁早

① 青春的心理独白

黄逸梵搬走之后,张志沂也很快带着一大家子人搬离了那座花园洋房。新家又是一所石库门弄堂房子,张爱玲的舅舅家就在旁边。张志沂以为这是一种恰到好处的距离,期待黄逸梵的回心转意,却没有认清问题的根本——他和黄逸梵之间的矛盾,从来就不是物理距离的远近。

对于黄逸梵来说,离婚代表着全新生活的开始,她的新生活,自然应该包括全新的爱情。可是,当时大多数中国人依然固守传统,哪个男人能接受一个离过婚又生过两个孩子的女人呢?只有在西方人的世界里,离过婚的女人才和从未结过婚的女人一样拥有追求爱情的权利。

临行之前,她来到圣玛利亚女校和张爱玲道别。张爱玲的表情一如既往地平静,仿佛只是表示"我知道了,你走吧"。至于对母亲的依依不舍,她只会放在心里,不会流露出半分。

黄逸梵并不知道，张爱玲一直在悄悄地目送她走出校门，直到校门关闭，母亲的身影消失不见的那一刻，她的眼泪才如决堤的河水般肆意流下脸庞。张爱玲独自站在寒风中，哭到上气不接下气，但倔强如她，如此脆弱的表现，只想让自己看到。

张爱玲再也不能像以前那样随时都能见到母亲了，在这个世界上，仿佛突然间只剩下自己一个人。她如同一棵生长在旷野的草，母亲则是那自由的风，无论风吹向何方，此刻的她都只能困守原地，倍感孤独。

张爱玲曾说："人生聚散，本是常事，无论怎样，我们总有藏着泪珠撒手的一日！"说这句话时，她还是个只有十二岁的少女，却比许多年长者更懂孤独的滋味。

其实，与母亲在一起时，张爱玲的话向来很少，她总是习惯性地被动接受母亲安排好的一切。和父亲在一起时，张爱玲反而话多一些，尤其是关于文学，他们有许多共同话题，在写作方面，张爱玲也总能获得父亲的支持和肯定。

她从不会和父亲聊有关母亲的事，这仿佛是父女之间无声的约定，因为黄逸梵的离开带给他们相同的寂寞，只不过张爱玲的寂寞偶尔能在姑姑那里得到慰藉。

每当思念母亲时，张爱玲就会去姑姑家里坐坐。因为那里有母亲的气息，有母亲喜爱的家具和饰品，这些东西仿佛能凝聚成母亲的怀抱。坐在那里，张爱玲能感受到从未体会过的踏实感。

众所周知,张爱玲后来在香港大学读书时交了一位好朋友,名叫炎樱。炎樱曾说:每一只蝴蝶都是从前一朵花的灵魂,回来寻找它自己。这句话用来形容张爱玲再合适不过,她用一支妙笔生出美丽的花朵,使之安放自己的灵魂。

张爱玲一生朋友不多,很多人觉得她孤傲得很,不擅长和人打交道。其实,对张爱玲而言,友谊是宁缺毋滥的,用语言和面子维持的虚假友情,她不需要。

很少有人知道,张爱玲在圣玛利亚女校读书时,有一位名叫张如瑾的好友。在张爱玲晦暗的少女时代,张如瑾如同一抹微光,照亮了她枯燥的生活。她们都是天资聪颖的女孩子,同样喜欢电影,爱好文学。虽然两个人喜欢的作家不同,偶尔也会为了哪个作家更优秀争论不休,但争论过程中的快乐是不言而喻的。

更多的时候,还是张志沂与张爱玲讨论文学。张志沂的旧学功底十分深厚,对张爱玲日后走上文学道路产生了积极的影响。

张爱玲喜欢细细品味读过的每一本书,从不盲目崇拜一个作家,哪怕是面对再喜欢的作品,也不会一味地褒奖。

她一生痴迷于《红楼梦》,不过,在十二岁那一年,张爱玲已经发现《红楼梦》的后四十回不如前面的章节精彩,甚至认为有些狗尾续貂的感觉。为此,她还专门与父亲展开过一场讨论。后来,少年张爱玲便创作出了《摩登红楼梦》,父亲还专门为她拟了回目：沧桑变幻宝黛住层楼，鸡犬升仙贾琏膺景命；弭讼端覆雨翻云，赛时装嗔莺叱燕；收放心浪子别闺闱，假虔诚情郎参教典；萍梗天涯有情成眷属，凄凉泉路同命作鸳鸯；音问浮沉良朋空洒泪，波光骀荡情侣共嬉春；陷阱设康衢娇娃蹈险，骊歌惊别梦游子伤怀。

张家的书房弥漫着传统旧学的气息，一头扎进中国传统文化里的张爱玲，最喜欢和父亲在书房里共度时光。她将父亲在书房里的一举一动刻在心底，多年以后，她还在小说中描写过父亲在书房里的身影。

对于亲人和朋友，张爱玲总有一种疏离感，可能因为害怕失去，所以不敢靠得太近。但是亲情和友情又是人生最重要的组成部分，张爱玲始终在努力维持一种恰到好处的距离，不至于彻底失去。就比如偶尔和父亲一同在书房读书，偶尔去姑姑家里坐坐，感受姑姑和朋友们相处的氛围。

远离母亲的失落在平静的生活中渐渐淡去了，张爱玲并不讨厌平静的生活，反而能在平静中自得其乐。可惜命运不肯成全，短暂的平静再一次被一道"晴天霹雳"击碎了——张志沂要再婚了。

这个消息是张爱玲从姑姑那里听来的。乍一听说父亲要再婚，张爱玲脸上还是一如既往的平静，心却如同在油锅里翻滚。人生第一次，张爱玲萌生了"邪恶"的念头——无论如何都要阻止这件事情发生,如果那个即将和父亲结婚的女人出现在她面前,她一定要把那个女人从阳台上推下去。

张爱玲知道自己不会真的这样做,因为自己没有害人的胆量,更没有剥夺父亲后半生幸福的资格。只不过,父亲没有亲口告诉她这件事,还是让张爱玲有些难过。

她听说,父亲即将迎娶的新娘家境很好。新娘名叫孙用蕃,是民国政府前总理孙宝琦之女。孙家和张家一样,都是当年的名门望族,甚至有人觉得,凭张志沂此刻的条件,算得上高攀了。

只有了解内情的人知道,孙用蕃虽然家世好,却只是个不受宠的姨太太生的女儿。孙家兄弟姐妹二十几个,她的身份在孙家算不上尊贵。并且,孙用蕃还有过一些令当时世人所不齿的经历。

孙用蕃曾经爱上自己的表哥,但因为对方家里太穷,遭到孙家的反对。孙用蕃意欲殉情,那般刚烈与决绝,简直与黄逸梵的个性如出一辙。她和表哥约定好一同吞鸦片自尽,可殉情的场景就像多年以后梅艳芳和张国荣主演的电影《胭脂扣》,女人吞下了鸦片,男人却退缩了。

幸好表哥在孙用蕃吞下鸦片之后因为害怕立刻给孙家打电话求助,这才救了孙用蕃一命。她从此被父亲囚禁了起来,整天沉沦在鸦片的烟雾里,二十几岁还没有嫁出去,成了一个半死不活的老姑娘。

张志沂刚刚在金融市场上赚了一笔钱，便有人在他和孙用蕃之间牵起了红线。介绍人没有刻意隐瞒孙用蕃的过去，张志沂竟然完全不介意。或许他觉得，他们都曾在爱情中败得惨烈，这样的两个人说不定更能惺惺相惜。

婚礼上，孙用蕃穿着西式的婚纱，一袭白纱遮住了她的脸。整个婚礼过程在张爱玲眼中如同一场默剧，她看着证婚人、主婚人、介绍人在台上挨个讲话，耳朵里却是一片静默。张志沂走到孙用蕃面前，轻轻掀开白纱。这一刻，张爱玲却默默地偏开了头，因为她不愿直视孙用蕃的脸，她在用这样的方式表达内心的抗拒——不想让这个陌生的女人成为自己的继母。

无论张爱玲内心如何抗拒，孙用蕃都名正言顺地成了张家的女主人。张志沂很放心地把整个家交给她来管，虽然有人替他扛起了管家的责任，让他松了一口气，但他过得并不快乐。张爱玲多次看到父亲在书房里一边不停地踱步，一边大声地背书，仿佛在发泄某种不能对外人道的情绪。

可是，张爱玲一次都没有走进去，甚至再也没有和父亲一同出现在书房里，父女之间唯一静谧独处的机会彻底消失了。在与父亲拉开距离的同时，张爱玲觉得自己在这个由孙用蕃做女主人的家里成了一个外人，日日不安，却无力改变。

人与人的相遇，早一步则太早，迟一步则太迟。对于张志沂来说，孙用蕃就是他此刻的"刚刚好"；而对于张爱玲来说，孙用蕃无论在何时出现,都是命运对自己的捉弄。

这座石库门房子突然变成了新房,从里到外都被布置得焕然一新。张爱玲不喜欢这样的气氛,她和弟弟根本融入不进去。

孙用蕃成为这个家正式的女主人后做的第一件事,就是换房子——搬回张家位于苏州河畔的老屋。

那是张志沂迎娶黄逸梵的地方,张爱玲不知道孙用蕃为什么想住进那里,是因为对张志沂的上一段婚姻毫不在意,还是太过在意?张爱玲觉得答案应该是后者,因为张家的老房子是黄逸梵最讨厌的地方,一个看似无意的举动,实际上是孙用蕃在默默地与黄逸梵较劲。

这一切都只是猜想,没有人知道孙用蕃的真实想法。又或许,她希望通过这段婚姻让自己的生活重新开始,她要表现出女主人的风范,绝不能让别人小瞧自己。

不得不承认,孙用蕃在管家方面是精明能干的。但张爱玲觉得整个家的氛围随着孙用蕃的到来变成了另外一个样子,使得自己对这个家越来越厌倦。即便在阳光晴好的日子,张爱玲也还是感觉这个家像一个黑沉沉的噩梦,目之所及,尽是灰暗。

张爱玲的另一个噩梦,就是少女时期穿不完的旧衣服。那些衣服都是孙用蕃穿过的。孙用蕃和张爱玲身材相似,便"慷慨"地把自己从娘家带来的旧衣服一件一件地送给张爱玲。张爱玲觉得孙用蕃简直是精明到了极致。这样一来,她再也不用给继女买新衣服了，能省下好大一笔钱，足够她买好多鸦片烟，然后歪在榻上尽情享受吞云吐雾的快活。

最让张爱玲耿耿于怀的一件事，是孙用蕃送给她一件暗红色的棉袍。张爱玲形容那是"碎牛肉"的颜色，仿佛是全身都生了冻疮一般难看。除了难看，张爱玲还觉得穿着继母的旧衣服是一种耻辱，尤其是走在学校里，看着别的女生穿着崭新的华服，她更觉得自惭形秽。

圣玛利亚女校是名副其实的贵族学校，每个学生都大有来头。女孩子聚在一起，常常谈论衣服和首饰，张爱玲觉得自己就像一只丑小鸭，原本就不善于与人交往的她，此时更希望自己能远离人群。

一天，张爱玲去舅舅家里玩。舅舅见她身上的衣服实在太破旧，有些心疼地说："不然让舅母翻出几件衣服给你穿，如何？"舅舅的一句话触碰到张爱玲心底最痛的地方。当时正在吃午饭，她没有吭声，默默地端起饭碗假装扒饭，实际上是用饭碗挡住自己即将落下的眼泪。舅妈看穿了张爱玲的小心思，沉默不语，眼神里尽是心疼。

自卑感严重影响了张爱玲在学校里的表现，除了沉迷于文学、电影和绘画，她仿佛对其他的事都失去了兴趣，就连老师布置的作业也常常不做，一旦被老师问起来，她索性就说忘了，连个借口都懒得编。

张爱玲在学校里的状态越来越糟糕,每次遇到学校检查宿舍,她的床铺都是最乱的。可是张志沂和孙用蕃从来没有批评过她,反而是弟弟遭到的批评越来越多。张爱玲知道这个家从没给弟弟带来过一丝快乐。他同样不喜欢这个家,可他是这个家唯一的儿子,整个张家都是他此生无法卸下的重担。后来,弟弟逃学、沉迷于看连环画。张爱玲见弟弟不争气,有时也忍不住批评他。

一次在饭桌上,因为一件小事,父亲竟然当着所有人的面狠狠地给了小魁一个耳光。张爱玲震惊了,她从没见过父亲打弟弟,眼泪一刹那就冲出了她的眼眶,因为不愿被人看见,张爱玲悄悄用碗挡住了自己的脸。

她的眼泪还是没有逃过孙用蕃的眼睛。看到张爱玲流泪,孙用蕃一脸不屑,嘴角带着讥讽的笑,说道:"咦,你哭什么?又不是打你。他没哭,你倒哭了。"

张爱玲懒得同孙用蕃辩解,只是气愤地丢下了碗,冲进浴室里拴上门,任由眼泪放肆流淌,却拼了命地不让自己发出一点声音。无声地哭了半天,张爱玲站在镜子前看着自己因哭泣而略显浮肿的脸,眼泪还是止不住,这让她觉得自己很没用。平复了半天情绪,她终于咬着牙对着镜子说:"我要报仇,有一天我要报仇!"

此后她真的再也没有因为弟弟的事情流过眼泪。一个人的心被一些人和事伤透了，原来真的可以变得坚硬。

　　张爱玲的青春，才刚刚开始，却充满伤痛。她的生命中从未出现过梦幻般的粉红气泡，从童年开始，笼罩着她的就只有晦暗苍凉的天空。

❷ 造梦者

青涩时光总多梦,文学就是张爱玲的梦。她的文学才华早在少女时代就已表现出来。她喜欢写作,却不喜欢学校里老师布置的作文题目。当时许多学校的通病,就是生怕学生太有个性,对写作的笔调有着严格的限制,如同古时科举考试用的八股文。张爱玲觉得那样的题目表现不出自己的才华。这是张爱玲的倔强,她若要写,便一定要写自己最想写的内容。

幸运的是,张爱玲在圣玛利亚女校遇到了自己的国文老师汪宏生。身为国文部主任的汪宏生,是一名新教育倡导者,他给张爱玲上的第一堂课,就出的《学艺叙》和《幕前人语》两个作文题目,与之前语文课上倡导的准八股文题目有天壤之别。

出完作文题目之后,汪先生又针对作文题目进行了一番解释:所谓《学艺叙》,就是希望大家能将自己学习唱歌、弹钢琴时的感觉和想法写出来,而《幕前人语》就是针对看过的影片写一篇观后感,从思想到内容,大家都可以自由发挥。

突然一下让思想自由起来的国文课,竟然让学生们无所适从。学生们似乎努力想要摆脱从前写作方式的桎梏,却并不得要领。只有一篇题为《看云》的作文字句清丽,令汪先生眼前一亮。这篇作文的作者正是张爱玲。

在学生当中,张爱玲的形象并不算太起眼,汪先生想了半天,都没有将记忆中的哪个学生的容貌与这个名字对上号。再次上课时,汪先生开始点名,当点到张爱玲的名字时,汪先生特意认真地看了一眼。和同龄的女生相比,张爱玲个子偏高,所以坐在教室的最后一排。她身材瘦弱,面庞清秀,看上去并不是十分机灵,打扮也不像其他女孩子那样时髦,安静得不惹人注目。

然而汪先生接下来的一席话,立刻让张爱玲成为全班同学的焦点。他说:"这批作文里,只有爱玲同学才称得上是用思想在写文章。诸学子的文章,怕是还没挣脱老套子的束缚,虚假不说,味同嚼蜡。"

面对突如其来的一番表扬,张爱玲还不知该怎样接受,只是呆呆地坐着,看着汪先生将自己的作文朗读了一遍。当从汪先生手中接回自己的作文时,张爱玲看到汪先生微笑的脸上写满了赞赏。

可以说,是张爱玲的这篇作文起到了带头作用,其他学生在写作文时才逐渐摆脱了从前腐朽的规范,使写作思维与写作形式越发自由开阔。

在圣玛利亚女校的校刊《风藻》上,时常可以见到张爱玲发表的文章。家庭的变故让张爱玲比同龄人早熟,她的文章似乎总是带着一丝苍凉的底色,书写着她人生的无奈。

后来,汪先生又创办了校外活动刊物《国光》,希望张爱玲能成为《国光》的编者。张爱玲不爱凑这个热闹,便婉拒了汪先生的好意,只答应给《国光》投稿。张爱玲发表在《国光》中的文章,以《秋雨》《牛》《霸王别姬》三篇最为出色。其中前两篇保持了她一贯苍凉的笔调,而第三篇则讲述了一个波澜壮阔的爱情故事,充满想象力,且浪漫唯美,尤其是她在文章中表达的爱情观,更是超越了她所生活的那个年代,堪称进步之举。

纵然内心灰暗,此时的张爱玲依然是正处于花季的少女,也有顽皮的时候。她曾经匿名写了两首小诗调侃学校的两位老师,还发表在刊物《国风》上。谁料其中一位老师对此不依不饶,还告到校长那里,差点儿让张爱玲遭受惩罚。好在那位老师并不想把事情闹大,一看到校长生气,自己也就不打算继续追究了。

张爱玲在文学道路上逐渐发光,她的好朋友张如瑾也不示弱,写了一部长篇爱情小说《若馨》。就连张爱玲自己都承认,张如瑾是她在圣玛利亚女校最佩服的女孩子,还在给《若馨》的书评中写道:"这是一个具有轻倩美丽的风格的爱情故事……惟其平淡，才能够自然……假使再多费些力气去烘托暗示，一定能更深深地打入读者的心。"

只可惜，写完这部小说之后不久，张如瑾便远嫁他乡。张爱玲始终觉得是婚姻埋葬了张如瑾的才华，曾郁闷地写道："最恨一个天才女子忽然结了婚。"

在那个年代，女人一旦结了婚，生命从此便没了色彩，也会彻底丧失自我。她们不再是某某小姐，而是变成某某人的夫人，丈夫和孩子的地位永远凌驾于她们自己之上，若不是心甘情愿如此，就算不得好女人。可悲的是，世世代代的女人大多认同这个传统观念，一生扛着道德的枷锁，只为能在别人口中落下一个美名。

在张爱玲心目中，张如瑾是个有才华的女孩子。她坚信，若张如瑾没有嫁人，一定能写出更好的作品，而婚姻就是才华的囚笼，可怜的张如瑾这辈子都不会再有什么作为了。

虽身为女子，但张爱玲认为"出名要趁早"，名气不仅证明一个人在某方面有所成就，也能让一个人在某种程度上换来更多的金钱。张爱玲承认，自己从小就是个喜欢钱的人。反而是她的母亲黄逸梵，总是故意把钱看得很轻，哪怕后来在没钱的时候，也对"钱"闭口不谈，张爱玲从来就不认同母亲这一点。

张爱玲比许多人更知道钱的好处，当自己开始赚钱之后，也比许多人更能享受金钱带来的喜悦。

对于许多家庭而言，钱，是矛盾的来源，张爱玲曾在自己的小说里描写过金钱如何摧毁亲人之间的信任与爱。这一点她深有感触，因为钱让父亲与她之间的矛盾变得更深。

十七岁之前，张爱玲几乎没有自己花过钱。她和弟弟小的时候，逢年过节倒是能收到一些压岁钱，不过他们只是将其拿在手里开心一下，最多放在枕头底下压一个晚上，过了年便会被父亲收去，理由是担心他们乱买零食吃。

长大一些后，张爱玲用钱的地方变多了，比如学费、医药费、服装费、娱乐费，但都是由家里来支付，从来不需要她为钱操心。就连出去看场电影，张家的司机也会在电影散场时准时出现在门口，把她接回去。张爱玲只需要站在电影院门口等着司机来接自己就好，她甚至都记不住家里的车牌号码。

金钱给予张爱玲最难以释怀的痛，就是伸手向父亲要钢琴学费时的窘迫，因为父亲本来就不赞成她跟白俄老师学钢琴。花出去的钱多，赚来的钱少，张志沂手头越来越拮据，自然不愿意把钱花费在他认为没必要的事情上。张爱玲深深记得，小时候去鸦片烟馆找父亲要钢琴学费，她独自在鸦片烟馆门前站了许久，终于等来了父亲，却久久没等到父亲的回答。与父亲一同出现在鸦片烟馆门前的还有孙用蕃，她在一旁帮着腔："女孩子学那么多做什么？到底还是要嫁人的。我们中国人啊，就是这点让人觉得没骨气，什么都是外国的好，连教个钢琴都是外国好，崇洋媚外,难道我们中国那么大的地方就找不出一两个教钢琴的吗?"

孙用蕃一个"钱"字都没有提,却句句表明了不愿给钱的态度。见张志沂在一旁一声不吭,从来没和父亲顶过嘴的张爱玲终于忍不住直白地问了一句:"是不是因为钱?"就是因为不想出钱,孙用蕃却偏偏不肯承认,用一堆又一堆大道理堵张爱玲的嘴,全是虚伪的借口。张爱玲恨透了她。张志沂的沉默,也终于摧毁了张爱玲对他的最后一点爱。

手心向上的滋味太难受,哪怕是向亲生父亲伸手要钱,对张爱玲来说也是一种屈辱。"能够爱一个人爱到问他拿零用钱的程度,那是严格的试验。"所以后来她才变得在乎钱,为了多赚一些稿费,哪怕顶着舆论的压力也要投稿给稿酬更高的杂志社,只为享受自食其力的骄傲感。

每一件东西都是用自己赚的钱买来的,哪怕是一颗螺丝钉,也从不指望他人赠予。这是张爱玲自豪感的来源,可细想一下,却快乐不起来,只觉苍凉。

后来,张爱玲还是妥协了,不再去白俄老师家里学钢琴,而是改去一位中国老小姐那里学琴。那是一段糟糕的体验,因为教学方法不同,张爱玲总是不能让那个中国老小姐满意,时不时就会被打手背。最后,学了多年的钢琴终究还是因为钱而荒废了,她与音乐的缘分就这样终结了。这是她内心的倔强,只为不再站在鸦片烟馆前遭受孙用蕃的冷嘲热讽。

十七岁那一年,张爱玲从圣玛利亚女校毕业,她一下子迷茫了,找不到人生的目标,只觉得前途一片灰蒙蒙的,见不到一丝光亮。

在音乐这条路上,张爱玲不再抱任何期望,好在她还会画画,便打算给报社投稿试一试,说不定这条路可以走得通。

靠别人养活才能活下去的日子,仿佛是一种变相的囚禁。张爱玲便把被"囚禁"的生活画成了漫画,向当年上海的《大美晚报》投了稿。她是故意这么做的,因为张志沂订阅了这份报纸,她偏要让父亲感受一下家丑外扬的滋味,好好地讽刺他一下。

小小的邪恶念头竟然得逞了,张爱玲的漫画被刊登了出来,父亲看到后果然非常气愤。拿着《大美晚报》寄来的五块钱稿费,张爱玲第一次感受到真实的快乐。人生第一次,她送给自己一件礼物——一支小号的丹琪唇膏。花着自己赚来的钱,享受自己理所应当得到的东西,那是一种心安理得的喜悦。

回想曾经,就连一向支持张爱玲独立的姑姑,在得知她要靠画画赚钱的时候,心里也是没有把握的。在姑姑看来,十七岁的张爱玲只不过是一个孩子,难免担心一个孩子遇到挫折后没办法坚持下去。但张爱玲感谢姑姑没有在那个时候让她泄气,尽管她的决定看似有些不靠谱,姑姑还是鼓励她选定了方向就要坚持下去,不要在人生的道路上摇摆不定,白白浪费宝贵的青春。

对当时的女性而言，青春代表着希望，就连嫁人都要趁早，因为女人一旦上了年纪，就不容易嫁出去了。即便是以独立女性自居的张茂渊和黄逸梵，也无数次因青春易逝而感慨万分。张爱玲一刻都不敢耽误，她必须在风华正茂的年纪证明自己。她可以被家人抛弃，却决不能被自己放弃。

对于张爱玲而言，父亲的那个家，早已不是她的家。她更愿意把姑姑的家当成自己的家，那是她对家人仅存的依赖。甚至可以说，张爱玲对姑姑是有些崇拜的。曾经的张茂渊，是一个衣来伸手饭来张口的富家小姐，竟然通过自己的打拼做到了自食其力，这足以令当时的世人对她刮目相看。一个女人有养活自己的能力，并且能活得很好，放在任何年代，都值得世人尊敬。

归根结底，钱还是重要的，至少对张茂渊和张爱玲来说都是如此。她们想要活得更舒服一些，就需要更多的钱。而且，若这钱都是她们自己亲手赚来的，用的时候便更觉畅快。

张爱玲总是喜欢用"小市民"来形容自己，前面还要再冠上一个头衔——"自食其力"的小市民。"眠思梦想地计划着一件衣裳，临到买的时候还得再三地考虑着。那考虑的过程，于痛苦中也有着喜悦。钱太多了，就用不着考虑了；完全没有钱，也用不着考虑了。我这种拘拘束束的苦乐是属于小资产阶级的。"于是，她又成了一个"小资产阶级自食其力的小市民"。

她最喜欢和姑姑聊天,觉得姑姑的语言中有一种"清平的机智见识"。张茂渊总是犀利的,仿佛洞悉了世故人情,她若能成为作家,必定会写出无数精辟的字句。可惜,张茂渊最不喜欢文人,更想不到张爱玲日后会成为文学道路上一颗璀璨的星。

③ 少女的独舞

在张爱玲中学毕业那一年,黄逸梵终于回国了。这是黄逸梵身为母亲最为人称道的行为——她是为女儿张爱玲回来的。黄逸梵知道,中学毕业的这一年是女孩人生中重要的转折点,她必须回来,要在女儿的生命里担当指路明灯的角色。

在张爱玲的前半生,母亲是对她有所亏欠的,而她也承认,自己的后半生对母亲亦有亏欠。或许相互亏欠的情才是亲情吧,她们在用自己的方式爱着自己,也爱着彼此。只不过这并不连贯的爱,终究还是不圆满的。

"在人生的路上,有一条路每个人都非走不可。那就是年轻时候的弯路,不摔跟头,不碰壁,不碰个头破血流,怎能炼出钢筋铁骨,怎能长大呢?"

在中学毕业这一年,张爱玲终于等回了外出远游的母亲。女孩的青春时期,总有那么一些若隐若现的弯路,引诱着懵懂的女孩走上去。黄逸梵归来的目的，就是希望为张爱玲指明哪条路是弯路，哪条路是直路。她不希望女儿在弯路上碰壁后摔得头破血流。

多年未见，张爱玲觉得母亲似乎变得更加美丽了。一身漂亮的洋装穿在黄逸梵的身上，那是她最喜欢的式样，能衬托出她的优雅与高贵。其实，凭黄逸梵的身材和相貌，穿中式旗袍一定也是极美的，可她坚决摒弃一切代表中国旧俗的东西，把旗袍也归入"旧"的行列，自从出国之后，几乎再也没有穿过旗袍。

张爱玲记得自己小时候是最希望快点长大的，那样就能早点穿上母亲的高跟鞋，走出像妈妈一样优雅的姿态。可惜她成长的速度永远追不上母亲远行的脚步，而母亲那美丽的背影也成为张爱玲心底挥之不去的阴影。

那个崇拜母亲的小女孩，终于长成了少女，却没能长成母亲最喜欢的模样。张爱玲的身材像父亲，细瘦纤长。此时又正是她疯狂长个子的时候，比黄逸梵离开的时候高出一大截，脸庞却没能摆脱稚嫩青涩。于是，在黄逸梵眼中，张爱玲不仅过于纤细瘦弱，头脑中也像她父亲一样装满了中国式的陈旧思想。

这是黄逸梵对张爱玲的误解。又或许，黄逸梵实在太想与一切旧思想划清界限，与她接受的西洋新思想稍有违背的人与事物，都会被她划到对立面。

于是，黄逸梵对张爱玲开展了一番改造计划。在黄逸梵的心中，活着一个想象出来的完美女儿。她的女儿应该如何待人接物，应该什么时候说话、什么时候沉默，应该怎样保持得体的幽默感，甚至在什么情况下才能微笑，都早已被她设定出模板。张爱玲要做的，就是拼尽全力把自己塞进那个模板里。

从小到大，张爱玲都对母亲保持着仰视的姿态。尽管她根本不愿意成为所谓的西方淑女，可为了快点成为母亲心目中完美的女儿，张爱玲还是做了很多"蠢事"。

有一次，黄逸梵和张茂渊要宴请客人，需要很多把椅子。为了在母亲面前表现一下，瘦弱的张爱玲想要独自搬动放在走廊尽头的一把沙发椅。那沙发椅实在太重，她根本不能用优雅的姿态搬过去。黄逸梵看到张爱玲搬动沙发椅时那略显笨拙的身影，满眼都是嫌弃。

在看到母亲眼神的那一刻，浓浓的自卑感再一次笼罩了张爱玲的心。无论她的漫画和文章受到多少夸赞，在母亲面前，张爱玲都觉得自己还是那么没用。她就那样呆呆地站在原地，心里有个声音告诉她应该尽快逃离母亲的视线，可双脚却不听使唤，根本挪不动脚步。

张爱玲承认，在很多事情上自己都是不聪明的。比如，她永远记不住家里的车牌号码，在家里住了几年也搞不清电铃的具体位置，甚至记不清自己每天都走的一段路上究竟有怎样的风景，一不留神，还会动作笨拙地碰掉一些东西，总是忘记母亲要求她保持淑女风范。

母亲每一个失望的眼神,都让张爱玲无比沮丧。张爱玲曾经以为,母亲的归来会让她们母女二人的心贴得更近。可现实告诉她,母亲依然是一个遥不可及的背影,她们之间永远有一道无法跨越的无形鸿沟。未来的路,她究竟该何去何从?

更让张爱玲难过的是,母亲这次还带回一个美国男朋友。母亲的爱,无论温柔还是严厉,终究不是属于她一个人的。或许从那一刻起张爱玲便已认清,不完美才是人生的常态。

张爱玲偶尔也会把自己的心事讲给姑姑听。可这次自从黄逸梵回来,张爱玲隐约发现,张茂渊和黄逸梵之间似乎也产生了嫌隙。这对曾经始终站在一条战线的姑嫂兼好姐妹,终于还是被金钱撬开了一丝感情裂缝。

当年黄逸梵在出国之前,把张爱玲的生活和学习都托付给张茂渊来照管,还把一些古董等值钱的物件一同托付给张茂渊。张茂渊对这些值钱的东西是没有觊觎之心的,对张爱玲的照顾也绝对算得上尽心尽力。张志沂和孙用蕃结婚后,张茂渊担心孙用蕃在生活上亏待张爱玲姐弟,于是自己出钱给两个孩子买了床、衣橱、写字台和座椅,还亲眼看着两个人安顿好,才放心地回家。

张爱玲和弟弟在一次度假途中得了感冒,两个人都发高烧烧得卧床不起。张茂渊担心孙用蕃舍不得花钱给两个孩子治病,立刻请了一个外国医生来诊治。一直到外国医生把两个人的病情说清楚，开完了药，她又亲自叮嘱佣人们如何为两个孩子服药以及各种注意事项，才和外国医生一起离开。

还有一次，张爱玲去姑姑家里玩，突然想吃包子，张茂渊就立刻动手蒸了四只小小的包子。包子的馅是现成的芝麻酱，张爱玲看着那小小的包子，感觉一股暖流熨平了心底的褶皱，紧接着便被一种说不清楚的情绪紧紧揪住了喉咙。她记得自己仿佛一直在笑着说"好吃"。

姑姑的好，张爱玲一直记在心里。即便知道张茂渊真的动了黄逸梵的财物，张爱玲也相信那一定是姑姑的无奈之举。事实的确像张爱玲想的那样，张茂渊之所以这样做，是因为一场奋不顾身的爱情让她陷入两场官司里。

在黄逸梵回国前后的那段时间，一场又一场的官司正把张茂渊折磨得焦头烂额，而打官司是烧钱的游戏。张爱玲了解的张茂渊本不是一个容易失去理智的人，可无论多理智的女人，都容易为爱情沦陷。张茂渊不轻易动情，一旦动情便奋不顾身。她爱上的是自己的表侄子，因为这场爱情，张茂渊被无端卷入一场和自己毫不相关的官司里。

这个表侄子的父亲名叫李国杰，是李鸿章的嫡长孙，曾经做过高官，却被人告发受贿和挪用公款，还数目不小，进了大狱。他的儿子没了主意，便向张茂渊求助。无论如何，把人从监狱里捞出来是当务之急，而这没有一大笔钱是绝对办不到的。

原来爱情真的可以冲昏人的头脑,至少此刻的张茂渊在张爱玲眼中是被爱情冲昏了。当时,张茂渊有一份在洋行里的工作,收入还算可以,但她手头的那点积蓄连从监狱里捞人的零头都不够。她忽然想到,当年分家时,父亲张佩纶还有一部分遗物没有分割,那里面有许多值钱的古董,当年之所以没有分割清楚,是因为这些东西的归属权掰扯不清楚。

当年分家时,张茂渊还小,没有选择权与决定权。她只知道,在那些没有分割的财产里,有一些珍贵的宋版书。有人说,那是她同父异母的哥哥张志潜生母娘家的东西,可硬是被张佩纶用张茂渊生母李菊藕陪嫁的钱买来了。如此一来,张志潜、张志沂和张茂渊对这些宋版书都有一部分所有权,至少也应该三人平分。

如今这些值钱的东西都归张志潜保管,为了得到这部分财产,去监狱捞人,张茂渊彻底失去了理智,轰轰烈烈地和自己同父异母的哥哥打起了官司,并且对打赢官司信心十足。张爱玲也希望姑姑能赢,可结局却让她大失所望——姑姑输了。

得知输了官司,张茂渊似乎并没有太激动,只是有些诧异,然后淡淡地说:"我们送钱,他们也送。他们送的比我们多。"淡然,是张茂渊最大的优点,也是张爱玲最欣赏姑姑的地方。即便花了许多钱又输了官司,张茂渊依然是淡淡一句话便释然了。可是,当得知打输官司背后的原因,张茂渊无法淡然了。

据说，是因为张志沂站在了张志潜那一边，张茂渊才输了官司。又听人说，可能因为张志潜背地里给了孙用蕃和张志沂好处，他们才临阵倒戈的。尽管不知道真相是否如此，张茂渊还是气不打一处来。可即便如此，张茂渊也没有当着外人的面说过张志沂一句不是，在张爱玲面前对此事更是绝口不提。反而是张家的佣人们背地里议论纷纷，说张志沂耳根子软，禁不住外人挑唆，伤了妹妹的心。

张茂渊也明白，亲哥哥之所以背叛自己，显然是孙用蕃在背地里下了不少功夫。孙用蕃有多么看重钱，大家心里都有数，她怎么可能舍得与张志潜这个阔气的亲戚撕破脸？并且，一直在和黄逸梵暗暗较着劲的孙用蕃，早就把张茂渊划进了黄逸梵的阵营，根本不可能站在张茂渊那一边。

好在黄逸梵虽然对张茂渊动了自己的财物有些不满，还是体谅张茂渊为爱而冲昏头脑的举动，那一丝小小的裂痕并没影响两个人的友情。

通过这件事，张爱玲对孙用蕃的反感和厌恶与日俱增，她知道自己早晚有一天会与孙用蕃彻底决裂。

孙用蕃对张爱玲的嫌恶也不止一日了，却从不做表面上的坏人，而在言谈举止之间处处流露出希望早点把张爱玲嫁出去的意思。

一次，张爱玲拿出自己中学时期的照片，觉得自己的样子实在是没有女人味。孙用蕃在一旁看到,说可能是发型不够漂亮,建议张爱玲把头发烫一烫。可是谁都知道,在上海的贵族小姐中有个不成文的规定,只有即将嫁人的女孩子才会烫头发。这分明就是暗示张爱玲该嫁人了。孙用蕃早就看不惯张爱玲在学校读书,生怕张志沂把钱都拿去给张爱玲交学费。

张爱玲把这件事讲给姑姑听,姑姑一听就发火了,说:哪有让这么小的女孩子出嫁的?黄逸梵也直截了当地问张爱玲:"你想继续读书还是用读书的钱打扮自己?"张爱玲当然更想读书,在她看来,嫁人就意味着青春的终结、才华的枯萎。尤其是见证过父母失败的婚姻之后,她对婚姻有一种本能的恐惧,不愿套上婚姻的枷锁,被封建的"女子三从四德"束缚住而彻底丧失自由。

④ 风吹向何方

十七八岁的少女，已经对未来的人生有了期许。张爱玲想要的人生，应该是处处充满惊喜的，她希望像母亲和姑姑一样，走出去，到遥远的异国看一看，拥有精彩的人生。

海上的风，应该充满一种叫作"希望"的味道吧？张爱玲幻想着自己能像母亲和姑姑当年一样乘上邮轮，逃离晦暗的少女时光。

对于此刻的张爱玲来说，去英国留学，是她未来的人生计划。而留学需要钱，这钱又只能伸手向父亲要。黄逸梵也曾托人同张志沂商谈张爱玲出国留学的事情，可张志沂打定了主意避而不见，无奈，她只好让张爱玲自己向父亲提。

为此，张爱玲连向父亲开口的日子都仔细挑选过。站在鸦片烟馆门口，她反复徘徊，好不容易积攒起的一股勇气，却在冲进门的刹那被一股带着浓浓焦煳味儿的烟雾冲撞得支离破碎。那一刻,她有些惊慌,连讲话的语调都不由自主地严肃了起来,仿佛在发表一场演说:"我要去英国留学……"

若是她能像别人家的女儿那样,对父亲撒个娇,或许事情便不会像后来发展的那样激烈。张爱玲以一种"义正辞严"的演说方式提出的留学请求,取得了极坏的效果。父亲大怒,说张爱玲是受了别人的挑唆。孙用蕃则直接语带讽刺地说道:"你母亲离了婚还要干涉你们家的事。既然放不下这里,为什么不回来?可惜迟了一步,回来只好做姨太太。"

如此刻薄的言语,黄逸梵听说后却只轻轻发出一声"哼"。但张爱玲听得出来,母亲的那一声"哼"里有痛恨,也有得意与不甘。毕竟是黄逸梵主动离开的张志沂,离婚之后黄逸梵频繁地更换男朋友,可惜再也没能觅得一份稳定的情感。

其实,张志沂拒绝女儿出国留学,一部分原因是他真的拿不出留学的费用。他和孙用蕃的主要经济来源是房租,但光是两个人吸鸦片烟的开销就要花掉大半,再加上张志沂向来爱摆阔,所以勉强维持日常收支平衡已是不易。

可这是张爱玲第一次规划自己的人生,怎能轻易放弃?于是,她和母亲联手,悄悄地为自己未来的人生打拼。留学考试并不容易通过,黄逸梵专门为张爱玲请来英文老师和数学老师。那是一笔高昂的补习费用,张爱玲记得英文老师每个小时的费用是五元钱,那是张家一个佣人一个月的工资。每次补课,张爱玲都要徒步走上很久，只为了省下一点车费。

就在张爱玲埋头于实现留学梦的时候，繁华的上海突然陷入战争的恐慌之中。见日本人打了进来，人们惊慌失措四处逃生。住在张家位于苏州河畔的老宅里，张爱玲每天都能听到炮弹的爆炸声以及逃难者的惨叫。上海一下子变得不太平了，黄逸梵提议让张爱玲住到自己这里来，但这需要征得张志沂的同意。张爱玲特意挑选了一个孙用蕃不在的时间跟父亲说了这件事，不过她不敢说去母亲那里，只说姑姑要她过去住一段时间。张志沂并没有反对，只是低垂着双眼说了一个字："嗯！"

张爱玲在黄逸梵那里住了两个星期，刚一回家，就被孙用蕃劈头盖脸地一番叱问："这么久，干吗去了？怎么你走了也不和我说一声？"张爱玲不屑与她多说，只是偏过头不看她，回答道："我和父亲说过了。"

"为什么不和我说一声，你眼里还有我吗？"话音未落，孙用蕃一巴掌打向张爱玲。几乎是出于本能，张爱玲想还手，却被两个佣人拉住了。孙用蕃尖叫着向楼上跑去，一边跑一边大喊："她打我！她打我！"

张爱玲从未想过，在这个已经不被她寄予太多情感的家里，竟然会上演一出激烈的惨剧。父亲听到孙用蕃的尖叫，趿拉着拖鞋从楼上冲了下来，不问青红皂白地揪住张爱玲就是一顿拳打脚踢，一边打还一边怒吼："你还打人，你打人我就打你，今天非打死你不可!"

在父亲拳脚之下的张爱玲,如同一只破布娃娃般被打得东倒西歪,有那么一瞬间,她觉得自己的耳朵已经被打聋了,可父亲依然没有停手。仿佛电影慢镜头一般,张爱玲挨打的过程被拉得无比漫长,不知过了多久,张志沂才终于被人拉走。被打得晕头转向的张爱玲好不容易才重新看清眼前的一切,父亲愤怒到扭曲的脸在眼前逐渐清晰,她的脑海里却在回响母亲说过的话:"万一他打你,不要还手。不然,说出去总是你的错。"

母亲还是了解父亲的,在那样一个传统到腐朽的家庭里,一个"不孝"的罪名足以压垮一切。于是,张爱玲放弃了反抗,勉强支撑起摇晃的身体上了楼。她像一只受伤的小兽一样,把自己关进浴室,小心检查着脸上和身上的伤痕。她是那样恨自己遭到的不公的待遇,终于,气愤战胜了理智,她再一次冲下楼,要把父亲告到巡捕房去。

一直冲到大门口,张爱玲才绝望地发现,父亲竟然命人把大门锁上了,要将张爱玲与外面的世界彻底隔绝开来。张爱玲无奈地转身看着那黑沉沉的房子,她无处可去,只能回到那里,每向房子走一步,她的脚步便越发沉重,仿佛即将踏入一处人间炼狱,等待她的只有万劫不复。

张志沂在意识到张爱玲冲下楼想要干什么后,简直气到疯狂,他随手抓起一只青瓷瓶子就向张爱玲头上砸了过去,所幸没有砸中。惊诧之下，张爱玲竟然忘记了躲避，简直不敢相信父亲对自己做的一切，难道他口口声声说要打死自己是真的？

张志沂没有继续动手，转身怒气冲冲地上楼了。直到这一刻，张爱玲才失声痛哭。委屈、耻辱、不甘，种种情绪一下子涌了出来，眼泪已经无法承载她心底的伤痛，强烈的无助感让她彻底虚脱，好不容易才在楼下找到一间空屋子，把自己藏了进去。她哭了整整一天，直到晚上，被眼泪抽干了全身力气的她才昏昏沉沉地睡着。

将张爱玲一手带大的佣人何干不忍心看她受这么大的委屈，偷偷跑去张茂渊那里，请张茂渊来说情。与张茂渊一同前来的还有张爱玲的舅舅黄定柱，他是代表黄逸梵来的。可是两人刚进门，便遭到孙用蕃的一番嘲讽。她的矛头是指向张茂渊的："你这姑姑，是来搜鸦片的吗？"

仿佛是被孙用蕃的话刺激到了，张志沂一下子跳了起来，伸手便向张茂渊打过去。张茂渊一句话都没来得及说，眼镜就被打碎在地上，脸上也流了血。黄定柱吓得连连说："他疯了，他疯了……"然后他赶紧拉着张茂渊去看医生。走出门的那一刻，张茂渊转身绝望地发誓："以后决不踏进你家的门！"

一旁的孙用蕃始终摆出一副看热闹的姿态，看到张茂渊被打出门，她仿佛打赢了一场战争，迫不及待地发表自己的胜利宣言："既然人也得罪全了，不如将他们都打骂得服服帖帖，弄怕了才好。若服了半拉子软,这帮子人定会接着惹出事端来,到时白白出了学费不说,还会没完没了地找到咱们头上来,是极麻烦的事。"

于是,第二天张志沂就把张爱玲扔进一间空房子软禁了起来,并且下令,除了何干,家里任何人都不许和她讲话,还威胁她:"你若再惹事端,必要用枪打死你。"

张爱玲知道,父亲真的有枪,看他那恶狠狠的态度,未必不会动真格的。蜷缩在那间黑漆漆的屋子里,张爱玲觉得自己的人生就是一场悲剧,周遭的一切都在冲她咧着嘴狰狞地笑,一股剧烈的恐惧感将她包围起来。

或许一颗心在变强大之前,必定要经过一番惨烈的洗礼吧。漫长的恐惧过后,张爱玲突然下定了决心:不能任由自己的灵魂在这黑暗的房间枯萎,必须逃出去。

十几年来,张爱玲从未像此刻这样坚定过。她的头脑无比清晰,条理分明地为自己设计了一个逃跑计划。

门一定走不出去了,唯一的出口就是窗户,然后可以爬上院子里的一棵高大的白玉兰树。那是这个家仅存的出逃路线。为了从窗户爬到那棵白玉兰树上,张爱玲每天练习跳健美操,为了让自己的身体强健起来。可惜,一场突如其来的痢疾一下子摧垮了她本就瘦弱的身体,逃跑计划还没开始,她就已经卧床不起了。

张志沂不知为何突然变得如此狠心,竟然不给女儿找大夫,也不给她抓药。张爱玲几乎被痢疾夺去了半条命,连呼吸的力气都快没有了。她难过地想着,或许自己就快死了吧?就算真的死了,想必也出不了这座牢笼一般的宅子,甚至就连她死去的消息都会连同她的身体一同埋葬在这里。

就连一向不敢忤逆张志沂的何干都心疼得看不下去了,她去求张志沂,不能再让张爱玲继续这样病下去了,否则真的要出人命。张志沂享受在一团鸦片烟雾之中,连回答都懒得给。何干不知哪来的勇气,难得强硬了一回:"女儿真要死在父亲家,又是有病不医死的。这家大业大、人多嘴杂的,若传出去,老爷您怕是抬不起头啊。到时黄太太找上门来要女儿,您又该怎么招架?治不治,老爷您拿主意,可先说好了,女儿死了不关我的事儿。"

何干的一番话,不知是触动了张志沂几乎已经被埋葬的父爱,还是唤醒了他骨子里的懦弱——害怕真的出人命,终于,他翻箱倒柜地找出了针管和抗生素针剂,要给张爱玲打针。打针之前,张志沂还再三叮嘱何干一定不要告诉孙用蕃,否则她一定会发脾气。

接连打了几天针,张爱玲的身体才渐渐好转。加上何干无微不至的照顾,张爱玲终于康复了。何干趁张志沂不注意,偷偷给黄逸梵打了电话,又把黄逸梵的话原封不动地传达给张爱玲:"你仔细想一想,跟父亲自然是有钱的,跟了我可是一个钱都没有,你要吃得了这个苦,没有反悔的。"

张爱玲不禁苦笑,父亲的钱和她有什么关系?她早晚是泼出去的水。去意已决!

一个黑漆漆的夜晚,张爱玲趁着家里守门的佣人换岗,悄悄地从门缝溜了出去。自由的空气让朦胧的月色都变得可爱起来,她逃往母亲的家,觉得只有在那里才能获得新生。

第三章

倾城·在最美的年华相遇

① 蝴蝶的翅膀

在被囚禁的半年时间里,张爱玲体会到了什么叫作彻骨的恐惧,什么叫作爱到绝望的恨。她曾经是爱父亲的,可父亲用疯狂而冷酷的言行将这份爱碎成齑粉,只需一阵微风,便足以将其吹散。张爱玲更恨孙用蕃。因为之前一段不被认可的爱情,孙用蕃也被自己的父亲囚禁过,却偏要让张爱玲体会同样的滋味。被囚禁的日子里,张爱玲觉得投射在楼板上的月光都带着浓浓的杀机,她当时甚至希望能有一颗炸弹掉在老宅的上面,自己便和住在这座宅子里的所有人一同死去,那也未尝不是一种解脱。

带着兴奋与害怕的心情,张爱玲终于逃离了囚禁自己的牢笼,一想到那个家的人发现她出逃之后鸡飞狗跳的样子,她甚至还有一丝丝的兴奋。然而张爱玲从未想过,一手将她带大的何干会代替她遭受惩罚。孙用蕃终于找到了赶走何干的借口。何干一辈子小心翼翼地服侍张家人,却只被三言两语就打发了。悲凉与愧疚在张爱玲心底蔓延，可惜她无能为力。

在何干临走前，张爱玲特意买了很贵的点心去送她。张爱玲也想过给何干一些钱，可她知道何干有一个十分贪婪的儿子，给再多的钱也落不到何干的手上，不如用这些钱买一些点心，那是何干一辈子都舍不得吃的东西。

可是，当把点心交到何干手上的时候，张爱玲后悔了。何干那双眼睛里充满绝望，那一包点心真的不是她此刻最需要的东西。一个在晚年被雇主遗弃的佣人，此刻更需要的是活下去的保障，能给予何干安全感的，或许只有钱。

何干和张爱玲静静地看着彼此，相对无言，也没有眼泪，她们都不是善于表达情感的人。张爱玲只是在心底暗暗发誓，将来自己赚钱了，要给何干养老。

直到何干真的走了，张爱玲的故作平静才彻底瓦解，在无人的角落，她的眼泪开始汹涌地释放。她意识到自己对这位老人的爱，甚至超过了父母，可很无奈，只能任她离去。

心底的泪，就连阳光也无法晒干；脸上的泪，却必须抹去。送走何干，张爱玲回到了母亲那里。母亲和姑姑对张爱玲在张家的遭遇愤怒不已，她们都不是崇尚暴力的人，坚信有时候文字比拳头能起到更好的报复效果。

在母亲那里，张爱玲用英文将自己被虐待和软禁的经历写成了文章，投稿给美国人创办的《大美晚报》。这个凄惨的故事打动了编辑，他们特意为这篇文章起了一个夺目的标题《what a life, that a girl's life》（多么悲惨的生活，一个女孩儿的生活）。

《大美晚报》是张志沂一直订阅的报纸，在这里发表文章，张爱玲的目的很直接——恶心一下父亲。她的目的达到了，父亲那张愤怒的脸，仿佛已经出现在她的眼前。面对这样的脸，张爱玲已经感受不到恐惧，一丝嘲讽的微笑不知不觉爬上嘴角。那个家里已经没有值得她留恋的人，只有想到弟弟在那个家里的处境的时候，她的心才会一瞬间收紧，之后便是长久的静默。

其实，在母亲这里，张爱玲也并未体会到家的感觉，不过至少这一片华丽的屋檐可以暂时遮蔽外面纷乱的风雨，她的翅膀还太娇嫩，飞不过沧海，只能屈居在这个安静的角落，寻找一点安全感。

张爱玲偶尔也会听到一些有关张家的消息。她听说，孙用蕃把张爱玲留在家里的东西送了人，衣服呢，则索性用一把火烧掉了。在上海，只有死去的人才会被烧掉衣服，看来孙用蕃真的当张爱玲已经死掉了，她不仅这样想，还逢人就这样说。张爱玲并不在意，她偏要好好活下去。

从小到大，张爱玲从未畅快地享受过母亲的宠爱。即便和母亲生活在一起，也没有母女间亲密的感觉，仿佛总有一道无形的屏障隔离着母女二人。

离婚后的黄逸梵起初的确活得很精彩，可从小衣食无忧的她并没有学会独立生活的本事。她见过最精彩的世界，却没能成为最精彩的自己。后来，黄逸梵只能靠变卖祖宗留下来的古董生活。曾经那样骄傲的一个女人，看着家里值钱的东西越来越少，黄逸梵也恨自己面对生活竟然如此无力。

黄逸梵并不是不爱女儿，只是对自己的爱显然更多，因为不是每个母亲都能做到为儿女牺牲自我。就连生活变得不再宽裕之后，她都不曾为了保证张爱玲的教育和生活而稍微节俭一些。

对于有些女人来说，爱情仿佛就是一个魔咒，一旦陷入其中便会损失惨重。张茂渊如此，黄逸梵亦然。黄逸梵曾经交了一个做生意的男朋友，为了帮助男朋友发展事业，她将本就所剩无几的古董变卖了一大部分。

或许对于很多女人来说，爱情的滋味都是魅惑诱人的。追逐爱情的女人，就像飞蛾扑火，纵然在火中燃尽生命，也要义无反顾奔向缥缈的爱情。张爱玲未料到，多年以后的自己，也会步上母亲的后尘，在一份不值得的爱里沦陷，伤到鲜血淋漓。

生活在母亲家里，张爱玲依然有一种寄人篱下的感觉，伸手向母亲要钱的滋味，与向父亲要钱的滋味没有分别。

钱让原本应该温暖的母女关系变得微妙起来，张爱玲能从那微妙的关系中嗅出一丝冰冷。而弟弟张子静突然出现在母亲家里，希望母亲收留他的时候，张爱玲见母亲竟然可以冰冷得如此彻底，感到十分惊诧。

很少有母亲面对儿子的请求能如此冷静,而黄逸梵做到了,她理智地告诉儿子,自己只能负担姐姐的生活,没有能力再收留他。张爱玲第一次在弟弟脸上看到绝望的神情,看着弟弟的眼泪,她对母亲失望得说不出一句话,直接转身上楼。张爱玲知道,此刻对弟弟说再多安慰的话语也是无用的,弟弟的遭遇让她看清,生活不能靠依附任何人继续下去,就连亲生母亲也不可以,人活着只能靠自己。

看着弟弟绝望地离开,发觉他的背影从未像此刻这样孤独过,而张爱玲没有流泪。生活在这个世界上,谁不孤独?谁又不自私?黄逸梵想让自己少一些负担、少一些压力,她有错吗?张爱玲觉得母亲似乎也没有错。

张爱玲承认自己在很多方面都是不聪明的,尤其是生活琐事上。她是天生的路痴,只能勉强记住一些公交站牌的位置,或是楼房的"高矮胖瘦",至于路名,她是从来记不住的。

一次,弟弟想去工部局图书馆,来找张爱玲问路。她的眼神里瞬间写满了迷茫,思索了好一阵,她才像写散文一样将沿途的风景和经过的房子式样描述了一番。弟弟明显听得一头雾水,他只是想知道在哪个公交车站下车,张爱玲的回答却是:"车站啊,你记车站干吗?记得下车时附近的样子不可以吗?我怎么会知道车站的名字。"问路的最终结果,是弟弟觉得不如找个路人去打听,他不明白为什么姐姐连一个已经去过几百次的图书馆的站名都说不清。

　　黄逸梵锲而不舍地实施着对女儿的改造计划。在母亲的指导下，她学着洗衣服、洗碗、收拾房间，还学习如何削苹果、补袜子，甚至按照母亲的要求改变自己的走路姿势，但一直都不能让母亲满意。张爱玲的一切努力只换来母亲一句痛心的评价："我宁愿看你死，也不愿看你活着使自己处处忍受痛苦！"

　　然而，母亲依然是张爱玲想要模仿的榜样。黄逸梵总是优雅的，哪怕是忧愁的时候，也会带着一抹雍容的韵味。张爱玲无论如何也模仿不来，这让她觉得自己很没用。

　　黄逸梵发现，每次带女儿去量尺寸做衣服的时候，她总是表现得很别扭，并且也不敢去理发店。当得知女儿不喜欢别人碰自己的身体时，黄逸梵根本无法理解。她语带无奈地教育女儿，要学会社交，否则到了舞厅或酒会上，有人来邀请你跳舞该怎么办？

　　张爱玲的回答竟然带着一丝理直气壮："那种地方最好一辈子都不要去！"她忽略了一个事实——自己已经逐渐长大，有一天要有属于自己的社交圈，也会交男朋友。母亲显然比她考虑得长远。黄逸梵希望女儿跻身上流社会，兼具知性与女人味。可张爱玲并不在意这些，她觉得只要有文学相伴，再有漂亮衣服穿就已经心满意足了。

　　不过，母亲的某些观点，张爱玲还是赞同的，比如黄逸梵希望她能拥有一张文凭，至少这可以保证她以后能够独立生活。毕竟一个人若想要好好地活下去，终究还是离不开钱。

在母亲身边生活，张爱玲明显感觉到了钱的重要性。她从前是不会为钱发愁的，因为张志沂似乎并不怎么缺钱，可此时的黄逸梵和张茂渊比从前拮据很多。张爱玲忽然意识到，如果没有钱，再美丽的女人也无法优雅起来。

为了让自己拥有赚钱的能力，张爱玲宁可穿旧衣服，也要出国留学。她没有辜负母亲的培养，以第一名的成绩通过了英国伦敦大学远东区的考试。带着一份满满的成就感，张爱玲参加了圣玛利亚女校的毕业典礼，向那段不堪回首的少女时光告别，转身去追求更精彩的人生。

❷　一朵花的灵魂

　　遥远的英国仿佛触手可及，但短暂的梦想火花只维持了一刹那。战争的爆发让张爱玲失去了去英国学习的机会，想要继续求学，她只有香港大学一个选择。

　　张爱玲离开上海的那一天，前来为她送行的只有黄逸梵和张茂渊两个人。十九岁的张爱玲即将开始人生中第一次远行，登上去往香港的邮轮，她有些忐忑，与一场晦暗的青春告别并不惋惜，可即将迎接她的又是怎样的人生？未知总是让人不安的。轮船驶离上海那脏乱不堪的码头，平稳地在无边无际的海上航行的时候，张爱玲的心情才渐渐平静下来。

　　没想到离开熟悉的地方，竟可以如此美好，张爱玲终于理解母亲为何那样执着于追寻自由，原来自由的空气是带着清甜气味的。

　　海上的月亮似乎不如陆地上的月亮柔和，但张爱玲喜欢这样清冷凛冽的月色。

张爱玲永远记得,轮船驶进维多利亚湾时是一个太阳火辣辣的炎热下午。她乘坐的轮船向着一座绿色的岛慢慢驶近,码头上人头攒动,但涌入张爱玲视线的是码头上围列着的巨型广告牌,红的,橘红的,粉红的,倒映在深绿的海水里。一块块、一抹抹刺激性的犯冲的色素,在微微波澜里蹿上落下,在水面厮杀得异常热闹。

"夸张",是香港留给张爱玲的第一印象。在这座充斥着极强艺术感的城市,或许连栽个跟头都会比别处更痛。于是,张爱玲那颗刚刚舒畅起来的心,再一次变得七上八下起来。

临行之前,姑姑给张爱玲看过一张照片,照片上是一个男子,面容和善。姑姑说他叫李开弟,是自己的朋友,她已经拜托这位朋友照料张爱玲在香港的生活。

不得不说,姑姑找对了人,张爱玲刚刚登上码头,李开弟那张和善的脸便出现在她的面前。他对张爱玲似乎是有些了解的,知道她是个不喜欢多说话的女孩子,只是简短地问了几句,便将她的行李接过来装上车,送她去香港大学报到。

香港与上海,仿佛是两个世界。在香港大学,张爱玲见到了许多之前从未见过的肤色,有些人皮肤棕黑,有些人则白得像雪。许多上海的名媛千金也有白皙的皮肤,却不像张爱玲在香港见到的这样白。

张爱玲本就不喜欢凑热闹,乍一见到这些"奇怪"的面孔,她更觉得自己难以融入其中。更何况,在香港大学读书的学生都是富家子弟,个个衣着光鲜,本就有些自卑的张爱玲只想找个角落默默地学习。

一个矮墩墩的女孩子,猝不及防地闯入了张爱玲的人生,她的脚步很轻,仿佛生怕吓到张爱玲,可张爱玲看向她的眼神还是充满了紧张。这个女孩子的脸胖乎乎的,一双眼睛又大又亮,闪着聪慧的光,又盛满了大多数中国女孩不具备的风情。

她看张爱玲的眼神明显带着好奇与欣赏,主动开口:"我叫法蒂玛,你呢?"她脸上带着微笑,眼神更加清亮了。张爱玲对她也生出一丝好感,却并不能像她一样对一个陌生人立刻表现出熟络的态度。张爱玲犹豫了一下,低声报出了自己的名字,两个风格截然不同的女子在这一刻就被一份漫长的友谊连到了一起。

张爱玲后来才知道,法蒂玛的父亲是阿拉伯裔锡兰(今斯里兰卡)人,姓摩希甸,在上海开摩希甸珠宝店。她的母亲则是天津人,因执意要嫁给她的父亲而和家里决裂,已经多年不来往。

后来,张爱玲更喜欢叫法蒂玛为炎樱。炎樱第一次见张爱玲,觉得她就像书本里夹着的蝴蝶标本,安静美丽,却少了些生气。

相互报过姓名之后，炎樱就在张爱玲身边坐了下来，冲着张爱玲歪着脖子憨憨一笑。张爱玲不知不觉对她的好感加深了几分，便将自己正在看的书递给她看。炎樱没有接过这本书，只是吐了一下舌头，扮了个鬼脸，摇摇头，继续灿烂地笑着。张爱玲也没觉得窘迫，反而觉得坐在自己旁边的这个女孩子给人一种舒服的亲近感，连这个陌生城市的午后阳光仿佛都因为她的存在而变得温暖了起来。

张爱玲从未尝试过和一个女孩如此迅速地建立友谊，或许这就是炎樱与生俱来的魔力吧！从小在热带地区长大的炎樱喜欢花，张爱玲原本是不喜欢花的，在炎樱的影响下，竟然也觉得不同的花有不同的可爱之处。

在炎樱眼中，每一朵花都是有灵魂的。她总是指着一朵花，说出它的出生地，再说到它的寓意。她喋喋不休地讲着，张爱玲静静地听着，那是专属于友谊的声音，温暖而美妙。

张爱玲一向钟爱热烈的色调，她在香港最喜欢的一种花也有着纯粹的红，它们盛开在枝头，仿佛整棵树都燃着团团火苗。炎樱说，这是凤凰树，广东人叫它影树，英国人则称它野火花。

有时候，炎樱也会说出些诗一般的话语。当月亮升起的时候，她说："听，月亮叫喊着，叫出生命的喜悦，一颗小星是它的羞涩的回声。"

友谊的微光，驱散了张爱玲心底的那片阴影。从小到大，她从未觉得有什么东西是真正属于自己的，但此刻她很笃定地相信，同炎樱的友谊是属于她的。她们的情绪是共通的，一同为一杯冰激凌而快乐，一同为一部凄美的爱情电影而伤感。张爱玲觉得自己和炎樱共同组成了一幅色彩艳丽的油画，那片嫩黄的油菜花地是自己，远处歪歪扭扭的诙谐木屋则是炎樱。

触手可及的友情，远在故乡的亲情，成为张爱玲在香港读书时的最大的鼓励。距离远了，张爱玲和母亲之间反而亲近了起来。她们经常通信，张爱玲特意挑选一些粉色花边的信纸，用英文写着家书。对于黄逸梵来说，用英文写信代表着女儿的进步，她很欣慰，在回信中便写下更多鼓励的话语，看得张爱玲的心好像愉悦得要飞起来。

为了得到母亲的认可，为了可期的人生，张爱玲必须一刻不停地努力。她对自己的要求近乎严苛，为了练好英语，她刻意不写汉字，只要有空就读英文书，与姑姑通电话也尽量说英语，到后来甚至能用英文写作，仿佛英语就是她的母语。

在大学教授们眼中，张爱玲是最优秀的学生。即便是向来以教学严格著称的英国老教授，看到张爱玲的考试成绩也称她为"高才生"，因为在这位老教授的教书生涯里，从来没有一个学生考过张爱玲这样的高分。

香港仿佛是张爱玲的福地，她在这里如鱼得水地生活着。大学二年级，张爱玲拿到了学校的两项奖学金，还被学校免去全部的学费和食宿费，公费保送去英国牛津大学读书。

香港大学的暑假是闲散轻松的。尽管张爱玲在暑假也一刻都不肯让自己松懈，但这个人生中第一个自由的假期，还是让她觉得很愉快。

炎樱总能找到许多事情来打发闲散的假期，一次她兴冲冲地跑来找张爱玲，说有人请客看电影。张爱玲本不想去，却硬被炎樱拖到了电影院门口。炎樱说，请客的人是她父亲的老朋友。很快，一个高高瘦瘦的男子出现在她们面前，张爱玲看不出他是哪国人，却从他的装扮看出他生活得并不算如意。

那个男子显然没有料到炎樱会带另一个人来，他看着张爱玲的眼神有些窘迫。短暂的沉默过后，他仿佛下定了某种决心，将手里的两张电影票一把塞进炎樱的手里，语带失落地让她们先进去看。性格大咧咧的炎樱一把拉住那个男子，说补一张票就好了，可那个男子只是又向炎樱手里塞进两个纸包，便独自离开了。

直到打开纸包，看到里面那两块加着糖鸡蛋的煎面包，炎樱才终于意识到，那个男子只带了两张电影票的钱。那一场电影，张爱玲和炎樱看得十分不是滋味，走出电影院，两个人依然保持着沉默。她们肩并肩走在回学校的路上，终于还是炎樱先开了口。

她说，那个男子来自印度，叫潘那矶，曾经是个很成功的生意人。在他来到香港后,一位麦唐纳夫人看出他很有钱,便执意把自己年仅十五岁的女儿叶宓妮嫁给他。叶宓妮坚决不肯嫁,麦唐纳夫人狠狠打了她一顿,逼着她嫁了过去。

两人婚后生了一个儿子,潘那矶对儿子倾注了全部的爱。可就在叶宓妮二十二岁那一年,她带着儿子离开了。痛失所爱的潘那矶从此无心做生意,亏了很多钱。而年轻的叶宓妮则在一家洋行找到了体面的工作,生活得非常好。

不知为何,张爱玲突然觉得叶宓妮很像自己的母亲。后来,她真的见到了叶宓妮,那是一位年轻漂亮又性格独立的女性,的确与母亲黄逸梵如出一辙。人们都感叹电影中的故事凄凉唯美,张爱玲却发现,真实的生活有时候远比电影精彩得多。

新学期即将开始的时候,张爱玲收到姑姑的来信,信中说,黄逸梵已经和她的美国男朋友一起去新加坡了,或许再也不会回来。张爱玲的情绪并没有变化,一直以来,母亲都是存在于远方的,她在上海和在新加坡没有什么不同。接受离别已经成为一种略觉悲哀的习惯,她没有在回信中继续讨论这件事,只是写满了对姑姑的关心。

黄逸梵去往新加坡时途经香港,特意来学校探望女儿。张爱玲虽没有彻底摆脱略显木讷的神情,但整体看上去明媚了不少,甚至隐约可见一股蓬勃的生机正逐渐冲破她又瘦又高的身体。这样的张爱玲是让黄逸梵欣慰的。张爱玲也喜欢这样的自己,觉得未来的轮廓似乎在眼前越来越清晰。

不过,看到学校里的同学个个衣着光鲜,张爱玲还是有些自卑的。拿到奖学金之后,她做的第一件事就是做几件时尚的漂亮衣服,至少站在好朋友炎樱旁边不让自己显得太寒酸。

❸ 被战火撕碎的梦

  静谧的时光,是文学给予张爱玲的。香港大学有一座包罗万象的图书馆,这里种类繁多的图书总能给张爱玲一种舒心踏实的感觉。只要是英文书,不论什么类别,哪怕是物理或是数学,张爱玲也会爱不释手地翻看。小说自然是张爱玲最喜欢的,她沉浸在故事情节里面,小心翼翼地生怕拼错某个单词而误解了作者的意思。

  时光伴随着墨香静静流淌,然而一颗突如其来的炮弹,一下子将静好的岁月炸成了碎片。

  1941年12月8日,太平洋战争爆发。张爱玲仿佛突然从一场噩梦中惊醒,发现现实世界已经成为真实的噩梦。人们哀号着奔跑在被炮弹炸塌的楼房之间,却找不到一处安全的容身之所。在那一瞬间,所有人的梦想都被炸得粉碎,香港大学的大考也因为战争的爆发不得不中止。

战争最能考验人性，张爱玲亲眼见证了许多养尊处优的同学在战争中的奇葩反应。有一位家里非常有钱的女同学，穿着向来讲究，哪怕是去参加一场舞会都要准备好几套不同的行头。当战争到来时，她的第一反应竟然是没有适合战争时期的衣服穿！张爱玲觉得太可笑了，后来，那位女同学借来一件宽大的黑色棉袍，用来搭配战争时期紧张的气氛。

还有一个来自马来半岛的漂亮女生名叫苏雷珈，在学校催促大家赶快下山避难的危急时刻，她竟忙着把自己最华丽的衣服整理好，又不顾别人劝说，执意搬着两个装满了华服的大皮箱下山。

来自中国内地的艾芙林一度标榜自己担惊受怕惯了，一点也不害怕战争，可学校附近的军事要地遭到轰炸的时候，她却是第一个哭得歇斯底里的人，之后不断对身边的人讲述自己在内地经历过的可怕战争，吓得其他女生瑟瑟发抖。大家躲在宿舍里，尽量省着吃手里存留的粮食。艾芙林却突然变得很能吃，还不断劝大家都要努力地吃，因为她觉得很快就要没机会吃了。结果她吃得太多，得了便秘。

反而是炎樱的从容与大胆超乎张爱玲的想象。哪怕身处流弹之中，她也敢一个人冒死进城去看电影，回到宿舍还能独自在楼上洗澡，流弹震碎了玻璃，她还在悠闲地泼着水唱歌，仿佛什么都没有发生一样。当有人感叹战争破坏了自己的沙漠之旅时，炎樱却能笑呵呵地说，不要紧，等仗打完了再去。

炎樱永远是乐观的，因为她的存在，张爱玲在战争进行得最激烈的时候也能时不时地莞尔一笑。

在战争面前，每个平凡人都显得那样弱小。张爱玲无法阻止战争，唯一能做的就是尽量让自己保持从容。她甚至可以利用战争带来的空闲时间看书，即便藏身之地光线昏暗，即便炮弹也许下一秒钟就会炸下来，她依然能专注地读书。

日寇的飞机来轰炸时，张爱玲和同学们都躲进宿舍最下层。那是一个黑漆漆的房间，在这里，张爱玲不由得想起自己被软禁的半年时光。此时的孤独与无助，与当年如出一辙，她忽然想到自己的家人，她想知道，如果自己死在这里，他们会不会为自己哭泣？

食物变得越来越珍贵，哪怕是菜汤里飘着蠕动的虫子，大家也要硬着头皮吃下去，因为不吃会饿，现实就是这样残酷！

几天之后，香港大学正式停止办公，所有人不得不离开宿舍，无处可去的张爱玲索性和一群同学去参加守城工作。可刚刚报了名，一场空袭就开始了，她亲眼看见一架日本轰炸机俯冲下来，耳边的警报仿佛撕裂了所有人的耳膜。在死亡面前，他们只能拼命地逃跑，一群人缩在一个门洞子里面，心脏剧烈地跳动着。

张爱玲忽然觉得自己的守城者身份是如此可笑，她连做到自保都难,凭什么去守城?她平静地望着门洞子外面的世界,仿佛在看一场无声电影。

后来,漫长的轰炸总算结束了,缩在门洞子里的人一哄而散,纷纷挤上街边停靠的电车,奔向各自的归途。

张爱玲不久之后得知历史教授弗朗士被杀了,那是张爱玲最喜欢的一位老师。弗朗士是英国人,在张爱玲的记忆中,他总能因为一些简单的事情快乐起来。他喜欢返璞归真的生活,把家里唯一的一辆破旧汽车留给佣人买菜用,自己无论去哪里都是走路去。弗朗士是英国剑桥大学毕业的高才生,总能把历史课讲得很生动。课堂上的他特别迷人,张爱玲甚至一度怀疑自己是不是爱上了他。

在《烬余录》里,张爱玲对弗朗士曾有过这样的描述:"他有孩子似的肉红脸,磁蓝眼睛,伸出来的圆下巴,头发已经稀了,颈上系一块暗白的蓝字宁绸作为领带。上课的时候他抽烟抽得像烟囱。尽管说话,嘴唇上永远险伶伶地吊着一支香烟,翘板似的一上一下,可是再也不会落下来。烟蒂子他顺手向窗外一甩,从女学生蓬松的鬈发上飞过,很有着火的危险……"

战争开始后,弗朗士被征入伍,一次,命令回军营的哨声响后,不知为什么他没有听到,还站在原地不动,便被自己人开枪打死了。很多人感叹,多么没有价值的死亡啊!可是在战争面前,谁的命又是有价值的呢?

不知是不是想在死亡来临之前抓住幸福的感觉，很多人选择在战争时期结婚。漫天的哀愁之中，也只有这一点点仅存的喜悦是真实的。

混乱之中，所有曾经有着崇高理想的人一下子仅存生命的本能——需要食物。战争时期的食物是稀缺资源，大多数人只能靠抢才能得到。张爱玲和许多人一样，每天都饿得头重脚轻，可据说政府的仓库里却有堆积如山的牛肉等着烂掉，多么滑稽！

随着英国向日本的妥协，这场战争终于暂停了。劫后余生的人们迫不及待地冲到街道上，畅享着重生的喜悦。

张爱玲也和炎樱一同跑出去找冰激凌吃，找了几天才吃到一杯冰屑子，嚼得牙齿咯嘣咯嘣响。张爱玲仿佛在嚼碎自己对战争的仇恨，让那刺骨的凉使自己的头脑清醒起来。她们又去挑选漂亮的衣服、心仪的唇膏，想通过崭新的装扮让自己摆脱战争的阴影。可是街道上偶尔出现的尸体，依然在无声地提醒着她们：战争并未真正走远。

在休战的这段时间，张爱玲在大学堂临时医院里做看护，亲眼见证了战争给人类造成的残忍的伤害。医院里大多数时候是安静的，只有病重的人躺在床上不断地发出呻吟。这里的空气仿佛是凝滞的，死亡的气息笼罩着医院的每一个角落，任何一个鲜活的生命都有可能在下一个瞬间变成一具冰冷的尸体。

此时，唯有文学能暂时抚平张爱玲的无助与恐惧。她总是随身带着书,晚上不用值夜班时便用大把的时间看书。医院在晚上会为她们提供牛奶和面包,文学和食物让她在战争的间歇找到了些许安心。

守护病人时,张爱玲也可以躲在屏风后面看书。屏风的那一头时不时传来病人的呼唤:"姑娘啊……姑娘啊……"病人的声音因痛苦而颤抖,想向张爱玲要一口热水喝。张爱玲告诉他:"厨房没开水了。"病人只发出一声无奈的哀叹。可过了没一会儿,他又再次带着痛苦的语调呻吟着:"姑娘啊……姑娘啊……"张爱玲知道,他并没有什么实际的需要,仿佛只要呼唤一个人,痛苦就能抵消一些。

直到半夜三点,别人都睡着了,他还在反复叫着:"姑娘啊……姑娘啊……"凄凉的声音回荡在长长的走廊里,让人听着感觉瘆得慌。直到天快亮,那个病人终于安静了下来,很久都没有再出声——他带着痛苦离开了这个世界。张爱玲并不悲伤,因为在这里她见惯了死亡,一颗心麻木得被她自己形容为"自私"。在这个病人死后,她依然能平静地和其他人一起在厨房里品尝烤面包的滋味。吃着热乎乎的食物,是战争中能体会的唯一的幸福,饱腹感仿佛是此刻一个人活着的唯一证明。

学校终于逐渐开始复课了,日语课成为当下最受欢迎的课程,毕竟日本人此刻是暂时的胜利者。很多人都觉得,假如有一天日本兵又来了,会说几句日语说不定可以保命。于是,每堂日语课，教室里总是黑压压地挤满了学生。张爱玲觉得这很滑稽，自己正在学习的语言，竟来自不久之前向他们扔炸弹的那个国度。

除了日语课，学校里恢复的其他课程并不多。后来，学生们对于日语也重视不起来了，听课的人越来越少，原来的日语老师因为赌气不来上课，一位俄国老先生成为他们新的日语老师。这位老师似乎对绘画更感兴趣，当看到张爱玲为炎樱画的肖像画时，立刻拿出五港元打算买下这幅作品。

老师的态度很诚恳，张爱玲却有些不舍。她觉得那是自己画得最好的一幅画，以后或许都画不出这么好的画了。"绝笔"二字突然浮上心头，这让她觉得有些伤感。当伤感开始蔓延，她突然对上海产生了无边的思念。

④ 再见，香港

　　思念让人变得不安，压得人透不过气。就连想起苏州河水流淌的声音，她仿佛都能感受到淡淡的忧伤。

　　1943年，张爱玲和炎樱一同离开香港返回上海。香港已经被日寇占据，张爱玲还没来得及从香港大学毕业，就被迫提前与理想作别。此刻的她想感叹一下命运，却不知从何说起。或许，一直以来，渺小的人类都在接受命运的嘲弄，而命运从不允许一个人轻易变得强大，人类若无力与命运抵抗，便会在悲哀中沉沦。

　　张爱玲不允许自己成为弱者，既然异乡成就不了她的理想，那就在回到上海之后继续圆梦。

　　此刻的香港，已经不复张爱玲与它初见时的风姿。曾经那些令张爱玲惊叹的浓烈色彩已经被战火熏黑，即便这里曾是她最留恋的城市，她也不得不被日本兵驱赶着挤上了离开香港的船。

　　张爱玲并不惊慌，只是有些忧愁，好在身边有炎樱陪伴，旅途还算不太寂寞。她们不知道现在的上海变成了什么模样——会不会和香港一样已被战火摧残？炎樱乐观地畅想，一切都会好起来的！可真的会好起来吗？张爱玲不敢轻易给出答案。

海风也没了当年清甜的气息，带着一股浓烈的腥味，呛得张爱玲头晕。她和炎樱都开始晕船，胃里翻江倒海，原来糟糕的心情也会造成身体的不适。她们决定，与其想那些未知的事情，不如回船舱睡觉。

漫长的海上旅程总算熬过去了，上海的身影已经在不远的前方。张爱玲的情绪一下子复杂了起来：期盼、伤感、迷茫……种种情绪交织在一起，她终于体会到什么叫作"近乡情更怯"。

上海的一切还是老样子，高大的洋楼、奢华的轿车、华丽的橱窗，竭尽全力地展现着繁华大都市应有的样子。一切都让张爱玲感到舒服，这里是她熟悉的地方，空气仿佛也温暖了起来。

只不过父亲的家已不再是她的家，张爱玲选择和姑姑一起生活。很快，她那颗遭受过炮火洗礼的心，终于在姑姑家里那个永远飘荡着面包与咖啡香气的客厅中渐渐温暖了起来。三年的香港求学生活如同一场梦，偶尔张爱玲也会恍惚觉得自己从未离开过上海。生活又回到了熟悉的样子，可总有一些微妙的思绪在提醒着她，此刻的自己已经没了当年的心境。

人一旦有了追求，就不会再允许自己安于现状。如果没有战争，此刻的张爱玲应该已经去牛津大学公费深造了，一想到这些，便又是一声叹息。她想转入圣约翰大学继续读书，至少也要获得一纸文凭，可是学费从哪里来？张爱玲悲哀地发现，除了梦想，自己真的一无所有。

姑姑张茂渊刚刚经历了一场失败的投资，她从前是个从来不会为钱发愁的女人，可是如今她继承的那笔丰厚的财产已经所剩不多，连洋行里的那份体面工作也因为战争爆发而丢掉了。如今，张茂渊在电台做播音员，还在大光明戏院做翻译工作，虽然收入足够令她生活得体面，却没有能力负担张爱玲的学费。

张茂渊建议张爱玲去找父亲要学费，因为张志沂曾经在离婚协议中承诺负担张爱玲的教育费用，可在香港大学读书的学费都是黄逸梵支付的，所以转入圣约翰大学读书的钱，张志沂没有理由拒绝支付。

一想到父亲暴打自己的样子，张爱玲就本能地心生恐惧。算起来，她已经整整四年没有和父亲联络了，如今开口向父亲要钱，真不敢想象父亲会是怎样的态度。她再一次想起站在鸦片烟馆门口向父亲要钢琴学费时的场景，一种屈辱的滋味在心头蔓延开来。

听说，张志沂如今过得并不好，地里的租钱收不上来，他又不是做生意的料，过惯了安逸生活，又不可能出去工作，只能靠遗产度日。张爱玲在香港读书期间，张家已经从老宅搬了出去，住在一栋小洋房里，生活早已不复当年的光景。

弟弟张子静主动提出替张爱玲带话,张爱玲沉默地点点头。她不对父亲抱任何希望,只是不愿辜负弟弟的好意。出乎意料的是,父亲并没有拒绝,只是略一沉吟,便让张子静把张爱玲叫过来。

张爱玲拜访父亲的那一天,孙用蕃躲在楼上对她避而不见,她倒觉得这样更好。父女重逢,没有上演抱头痛哭互诉思念的场景,反而变得更加陌生。张爱玲惊讶地发现父亲竟然苍老了许多,曾经的满头黑发如今已被岁月染白了双鬓。空气中弥漫着一丝冰冷的气息,没有寒暄,没有客套,张爱玲只是淡淡地将自己想要继续读书的计划和学费问题简单地说了说。张志沂也是出乎意料的平静,他让张爱玲先回去,会让张子静把学费给她送过去。

父亲俨然已经成为张爱玲心底的一道疤。在香港读书时,她尽量努力地淡忘那道伤疤的疼痛,如今再次与父亲面对面,那尚未痊愈的疤痕再次被掀起,可为了继续读书,张爱玲哪怕内心再痛也要装得若无其事。

从父亲家里走出来,张爱玲仿佛终于卸掉了某个沉重的包袱,长长地舒了一口气。还好,这个世界还没有将她遗弃,她的梦想也不用终止。只要能继续读书,一切就还有希望,她忽然觉得自己被炎樱的开朗感染了,一下子变得快乐起来。

回到上海的那年秋天,张爱玲如愿转入圣约翰大学文学系四年级继续读书。在香港的三年，张爱玲每一天都在拼命练习英文，中文被她忽略了太久，导致她转学考试的中文成绩竟然不及格，不得不进入补习班补课。要知道，从前的张爱玲中文修养一直很好，现在考出这样的成绩连她自己都觉得滑稽。

好在张爱玲中文功底深厚，没过多久，就从中文初级班跳到了高级班。还有一件更令她开心的事，就是炎樱又和她成了同学，她们又可以像在香港时那样一起逛街，一起讨论哪套衣服更漂亮，一起看两个人都喜欢的电影，生活的乐趣仿佛渐渐又被寻找回来了。

有人觉得张爱玲是悲观主义者，可是一个人若总是先把结局想到最坏，之后的结局哪怕比预想中稍稍好一点，都觉得是大大的惊喜，这样的人其实是变相的乐观主义者。

张爱玲从不抱怨自己遭遇的一切，或许是受到了姑姑张茂渊的影响。无论遇到多么糟糕的事情，张茂渊都会冷静地接受，最多只是无奈地叹息一下，之后又恢复倔强独立的样子。张爱玲最大的梦想，就是从经济到情感完全独立，不想依附任何一个人而活，她认为自己的世界应该由自己来支撑。

当年那个神情木讷的张爱玲已经不复存在，她留起了长发，学着打扮自己，无论外表还是内在都令人惊叹。在圣约翰大学校园里，走在一起的张爱玲和炎樱就是一道靓丽的风景。

从黄逸梵那里遗传的特立独行的性格渐渐显露出来，张爱玲就连着装风格都不喜欢随大流。她和炎樱都会自己设计衣服，两人又有不同的风格，炎樱偏爱西式裙子和上衣，再搭配一些带有中国古朴韵味的装饰；张爱玲则偏爱旗袍，却又不拘泥于传统的款式，会在旗袍下摆挂一些长达四五寸的流苏装饰。在多数人看来，张爱玲和炎樱的服装只应该出现在舞台上，可她们偏偏以独特的着装在校园中招摇地来去，引来一众女生频频侧目，那目光中有赞叹，亦有艳羡。

张爱玲开始享受别人对自己的议论，她知道自己是美的，且美得独特。更何况，她并不是一个空有美丽躯壳的花瓶，内在深厚的文学功底更值得别人因她的才华而赞叹。在《泰晤士报》上，张爱玲发表了很多篇剧评和影评，也写过关于服装与时尚的文章，其中最长的一篇便是发表在《二十世纪》杂志上的《中国人的生活与服装》，占了杂志整整8页的篇幅，其中还穿插着张爱玲手绘的12幅关于发型和服装的插图。

《二十世纪》杂志的创办人克劳斯·梅涅特是个德国人，对张爱玲十分欣赏，甚至还专门写文章称赞张爱玲的作品，称赞她为"极有前途的青年学子"。文学之路渐渐向张爱玲敞开了怀抱，她接连在《二十世纪》杂志发表了《洋人看京剧及其他》《中国人的宗教》等多篇文章。

可惜，容貌与才华都没能帮助张爱玲拿到大学文凭。进入圣约翰大学两个月之后，她退学了，最主要的原因还是没有钱交学费。

父亲只肯给学费，却不肯给生活费，再加上张爱玲并不欣赏圣约翰大学的教学方式，便果断退学了。对她而言，未来更好地生活下去比浪费时间获得一纸文凭更加重要。弟弟曾建议她找个教书的工作，可张爱玲骨子里还是一个不喜欢与人打交道的人，自知胜任不了教师这个工作。

弟弟又建议她去报馆当编辑，这样便可以一个人安静地工作。其实张爱玲早有了自己的选择，她要当自由撰稿人，做喜欢的事，有更自由的时间与空间。她曾在《天才梦》中说："我是一个古怪的女孩，从小就被视为天才，除了发展我的天才外别无生存的目标！"

中国文坛即将迎来一颗冉冉升起的新星。张爱玲带着桀骜与从容的姿态，开始书写自己的人生。

第四章 花事·被烟火照亮的天空

① 你还不来，我怎敢老去

才华之门一经打开，便一发不可收拾。三年的英文练习终于有了用武之地，张爱玲一开始就选择用英文写作，这也能让她拿到更多稿酬。

《二十世纪》杂志为张爱玲提供了一块施展才华的空间，1943年5月，张爱玲发表了《妻子·荡妇·孩童》；6月又发表了《鸦片战争》；在8、9月合刊上又发表了《婆婆和媳妇》；10月发表一篇无题文章；11月发表了《银宫就学记》。此外，张爱玲还发表过许多影评类文章，评论过《梅娘曲》《桃李争春》《万世流芳》《秋之歌》《浮云遮月》《自由魂》《两代女性》《母亲》等当时非常流行的影片。张爱玲成了一位高产的自由撰稿人。

这个带着独特东方韵味，用心观察人生，以细腻笔调撰写自己人生理解的女作者，开始在上海文坛崭露头角。

在《洋人看京戏及其他》中，张爱玲狠狠讥讽了由男权统治的中国社会。在她看来，男人是自私的，比如薛平贵，任由夫人在寒窑苦等18年不闻不问，即便他最后封夫人为皇后作为补偿，可终究无法理解夫人内心的悲伤。而在皇后的位置上，这位夫人只坐了短短18天，就满心凄凉地死去了。

张爱玲曾说："中国的悲剧是热闹，喧嚣，排场大的。"以京戏中的视角看待当时的中国的确如此，慈禧太后能在八国联军打进国门时依然风光庆祝自己的寿辰，仿佛一场可笑的闹剧。张爱玲便是这些悲哀的闹剧的旁观者，她的文字便是给更多身处闹剧之中的人提个醒。

英文月刊《二十世纪》的主编克劳斯·梅涅特曾这样评价张爱玲："她不同于她的中国同胞，从不对中国的事物安之若素；她对她的同胞怀有深邃的好奇心，使她有能力向外国人解释中国人。"

在《中国人的宗教》中，张爱玲的确做到了"向外国人解释中国人"。在她眼中，中国人有一种独特的怀疑主义，那就是对一切都怀疑。于是，"中国文学里弥漫着大的悲哀，只有在物质的细节上，它得到欢悦——因此《金瓶梅》《红楼梦》仔仔细细开出整桌菜单，毫无倦意。不为什么，就因为喜欢——细节往往是和美畅快、引人入胜的，而主题永远是悲观。"

她从不赞成人只以活着为目的。人生本就如同一场戏剧，生活便是舞台，张爱玲恰恰是最理智的那个角色，她有时甚至更像坐在台下的观众，任由舞台上演绎嬉笑怒骂，她依然可以悠然地置身事外，用辛辣的文字对那些角色挖苦嘲讽。

若能将人生活成一场喜剧，那是多么大的幸事。只可惜，张爱玲的人生是一场悲剧。然而，她可以将悲愁压在心底，以平和的姿态面对世俗的牵绊。

人们总说爱钱的人俗，张爱玲却觉得赚钱养活自己就是现实，没什么不好意思。"用别人的钱，即使是父母的遗产，也不如用自己赚来的钱来得自由自在，良心上非常痛快。"这就是张爱玲对待金钱的态度，自己赚钱自己花，心安理得。

不过，虽然用英文写作拿的稿费比较多，但在《二十世纪》杂志上发表的文章，毕竟不是真正的文学作品。况且，即便在上海这样比较西化的大城市，真正能读懂英文的人也不多，唯有中文作品才符合中国主流读者的喜好。张爱玲希望为自己开拓一片更广阔的文学天地，而小说便是打开这片天地的钥匙。三年的香港生活给了张爱玲许多创作灵感，她决定写一部以香港为背景的小说——《第一炉香》。

张爱玲在香港遇到的种种人与事在她眼前一一浮现出来。她在香港见过很多人，每个人的背后都有一段故事，每个人的故事都是属于香港那个中英文化交杂的社会的，与上海的吴侬风情截然不同，对于上海的读者来说也就更有看点。

张爱玲很了解上海人的阅读口味,她需要做的便是好好构思出一个能让上海人沉浸其中的故事。

故事的开篇是这样的:请您寻出家传的霉绿斑斓的铜香炉,点上一炉沉香屑,听我说一个战前香港的故事。您这一炉沉香屑点完了,我的故事也该讲完了。

在《第一炉香》里,张爱玲写的是一个赴港求学的女孩子葛薇龙的故事。她去投奔自己的姑妈,当年姑妈因为执意嫁给一名香港富商而与家人反目,后来富商离世,姑妈继承了大笔遗产,却并不快乐。从葛薇龙的身上,姑妈看到了青春的影子,于是诱惑葛薇龙堕落成自己勾引男人的工具,使葛薇龙逐渐坠入了金钱和欲望的深渊。

小说创作完成之后,张爱玲希望姑姑成为她第一个读者。姑姑起初是拒绝的,她本就不是一个喜欢文学的人。可是张爱玲哀求姑姑给自己的第一本小说提一些意见,姑姑这才仔细读起来。

姑姑在读小说时每一个细微的表情都是张爱玲拼命想要抓住的,因为那代表着读者读这部小说的反应。姑姑认真地捧着稿纸读了许久,中间不曾发出任何声音。当读完稿纸上的最后一个字,姑姑做出了一个细微的动作,她用手擦了擦旁边的小桌子,之后才把稿纸轻轻地放了上去,生怕弄脏了这部小说。她望着张爱玲,但并未开口,先是严肃地点了点头,然后才轻拍着桌子连声说道:"好,好,好。"

张爱玲希望姑姑说得再具体一些,可姑姑只说自己不懂文章,就是感觉这部小说极好。如果张爱玲一定需要有人给出更专业的意见,姑姑倒是有个人选。那是黄逸梵的一个亲戚,叫黄岳渊,他最喜欢吟诗弄赋,还有许多作家朋友,或许他能帮忙好好推荐一下这部小说。

张茂渊果然将这件事当作大事来办。黄岳渊听说后也很重视,推荐她去找一位很有名气的大作家,名叫周瘦鹃,说他正在准备复刊《紫罗兰》,或许可以帮忙推荐一下张爱玲的作品。

听到周瘦鹃的名字,张爱玲却并不激动。她曾经读过周瘦鹃写的小说,内容哀伤,自己并不喜欢,她更欣赏批判风格的爱情小说,但既然有人肯推荐,也就只能凑合一下了。

于是,张爱玲带着自己的小说手稿和黄岳渊写的介绍信,敲开了周瘦鹃家的大门,尽量以恭敬的姿态表达自己的请求。周瘦鹃起初对这个年轻女孩子的作品并不在意,不过很喜欢这部小说的标题和开头,便示意张爱玲先把稿子留下,晚一点他再仔细看,要她下星期再过来取。

没想到,周瘦鹃在正式阅读这部小说的时候,一下子便被张爱玲唯美苍凉的笔调吸引了。从字里行间,他还能找到一些《红楼梦》和《金瓶梅》的痕迹,看来他忽略了这个年轻女孩的中国文学功底,而且,她带有批判性的写作方式又恰到好处地展现了她的西学功底。

当整部小说读完，周瘦鹃不禁拍案而起，率先浮现在他脑海里的是"天才"两个字。这是一部太值得仔细回味的文学作品了，周瘦鹃忍不住又从头阅读了一遍，还是觉得处处都写得很好。

当张爱玲再次登门来取手稿的时候，受到了与上次截然不同的待遇。周瘦鹃热情地迎接，让人端来上好的茶，表现出了对张爱玲的极大欣赏。他觉得张爱玲简直就是为重振《紫罗兰》而生的，希望她同意将这部小说在《紫罗兰》上发表。张爱玲欣然接受，纵然内心狂喜，表面上还是表现得很从容，看起来波澜不惊。

1943年5月，张爱玲的第一部小说在《紫罗兰》杂志上一经发表，便在上海文坛燃起了一把火。周瘦鹃亲自为这部小说写了荐文："如今我郑重地刊发了这篇《沉香屑》，请读者共同来欣赏张女士完成的一种特殊情调的作品，而对于当年香港所谓高等华人的那种骄奢淫逸的生活，也可得到一个深刻的印象。"

不过，当时的上海正沦为孤岛，张爱玲的文学才华仅仅展露了一下，并没有真正红遍上海的大街小巷。但文学界已经开始对张爱玲产生极大的好奇，纷纷猜想是什么样的一个人能写出这种悲凉而沉重的小说。

不久之后，张爱玲又在上海《万象》刊出了《茉莉香片》，一个月后又刊出《到底是上海人》。据说是《万象》杂志主编读过《沉香屑》之后，亲自驱车上门向张爱玲约稿，但事实究竟如何无从考证。不过，也是那一年，通过《万象》杂志，张爱玲与柯灵相识，两人从此结下了深厚的友谊。

从那以后，《紫罗兰》《万象》《古今》《天地》等知名杂志都成为张爱玲展现才华的场地，她先后发表了《倾城之恋》《金锁记》等十多篇小说。她的梦想，已经呈现出清晰的轮廓。

一个美貌与才华兼具的年轻女子，开始有了更多期盼。此时的张爱玲，已经隐约开始期盼一场爱情。

② 心情被正午的阳光吻过

从默默无闻到一鸣惊人,张爱玲成了上海文坛的传奇。她离自己想要的生活越来越近,在属于她的舞台,已经可以轻摇裙摆舞出曼妙的身姿。

张爱玲从来不关心政治,但在风雨飘摇的年代,想要守住一方文学的净土并不容易。随着日寇的侵略势力日益被削弱,上海作为日寇重要的盘踞点,已经迎来了黎明前最黑暗的时刻。

日寇对文学界的监控越来越紧,他们如同丧家之犬,拼命从文学作品中嗅着哪怕一丁点儿的反对气息。许多文坛名人都因此遭到迫害,于是,越来越多的作家选择蛰伏,让自己在这个繁华而又黑暗的城市里隐藏起来。唯有张爱玲依然从容,她本就是一个简单的人,很少去揣摩别人言行背后的险恶。

一篇篇优秀的文学作品将她推向公众视野,各方面人士都希望将她拉入自己的阵营。有人开始担心,张爱玲会不会被牵扯进政治之中，会不会被日寇利用而做出一些卖国的事情？为了不让这个文坛天才走上错误的道路，一直蛰居在家的作家郑振铎站了出来。

郑振铎找到柯灵，希望他能以朋友的身份提醒张爱玲谨慎发稿，不要让自己陷入政治的漩涡。郑振铎似乎从张爱玲的文学作品中读出了她性格中的单纯，担心她分不清那些找她约稿的人背后的政治背景，因为此时的上海文坛仿佛走在悬崖的边缘，一不留神便可能万劫不复。

柯灵了解张爱玲的情况，如果她不继续写稿便意味着没有收入。于是，郑振铎想到一个办法：张爱玲可以继续写文章，只是暂时不发表，由开明书店预先向她支付稿酬，等时局稳定下来之后再出版。

柯灵也想保全张爱玲，可又太了解张爱玲倔强的个性，就在犹豫不决之间，收到一封张爱玲写来的信。她在信中说，自己已经接受了中央书局的平襟亚的邀请，准备出版一本小说集。

平襟亚是柯灵的老板，柯灵最了解他的为人。虽然平襟亚开书店，却只卖一些折扣书、翻印书，印刷质量也不太好。并且，平襟亚本人不务正业，柯灵担心张爱玲信错人，于是决定趁此机会委婉地劝说一下张爱玲。他劝张爱玲先沉淀一下，多积累一些佳作，日后再出书。

张爱玲果然像柯灵了解的那般单纯又倔强，她回信给柯灵，说自己需要趁着名气正起的时候再加一把劲,正所谓"出名要趁早"。

张爱玲还是决定在《杂志》上发表自己的小说集《传奇》,对她而言,名气如果来得太晚,快乐也不那么痛快。此时,有人开始抨击张爱玲的论调,觉得她功利。可事实证明,张爱玲只是希望在文学的世界里获得单纯的快乐,她的作品从来都与政治没有半点关系。

小说集《传奇》的确为张爱玲的成名添了第二把火。很快,《杂志》月刊在1944年举办的座谈会将张爱玲列入了邀请嘉宾的名单。与张爱玲一同出席这次座谈会的女作家,还有汪丽玲、苏青、潘柳黛等人。当时,优秀的女作家并不多见,人们对女作家本人的生活更加关注,似乎总是希望能从她们身上寻找一些话题。

张爱玲用独属于江南女子的温润语调在座谈会上发了言,语速虽慢,却语出惊人。她说自己最喜欢的中国古代女作家是李清照,最喜欢的近代女作家则是苏青,因为苏青的特点是"伟大的单纯",能将普通的话写成最动人的语言。

不久之后,张爱玲又在上海康乐酒家出席了"《传奇》集评茶会",她的好友炎樱也一同出席。向来以装扮出众著称的一对好姐妹,在这次评茶会上更是彰显了她们在服饰选择上的别具一格。张爱玲戴了一副黄色的玳瑁眼镜,炎樱则穿着大红色的上衣、白色的西装裤，配上极富异域风情的印度风首饰，两人一出场，就吸引了在座所有人的视线。

其实，出席这样的场合，张爱玲内心依然是忐忑的。夸张的服饰和炎樱的陪伴，的确能够掩饰张爱玲内心的紧张。在那场评茶会上，张爱玲表现很出色。

小说集《传奇》让张爱玲收到越来越多的好评，女作家苏青称赞张爱玲的作品"自有一种魅力，非急切地吞读下去不可"。评价张爱玲本人时，苏青也不吝于使用夸张的词汇，甚至说张爱玲是一个"仙才"。

越来越多的盛赞传入张爱玲的耳朵，有人说她的小说集哪怕仅看一段，抑或一句也是美的；也有人说张爱玲在用西方文学的风格、曹雪芹的笔法来写作；还有人说，她对人物与故事的领悟完全超越了年龄。诸如此类的夸赞，张爱玲并不在意。她也已经习惯了用最华美的辞藻去称赞别人的作品，因此也知道，这些听上去满是溢美之词的论调大多都有些夸张。

不过，张爱玲的文学天赋是不容置疑的，她创作的文学作品还帮她打开了一条通往娱乐界的道路。

1945年，《新中国报》在上海华懋饭店为欢迎朝鲜著名舞蹈家崔承喜举办了一场座谈会，张爱玲也受邀成为嘉宾。那一天，她特意挑选了一身桃红缎子旗袍，外面套一件古铜色背心，脚上穿一双缎子绣花鞋。大部分时间里，她只是安静地坐着，只有轮到她发言时才简单地说了几句。通过这一场座谈会，张爱玲的时装也成为众人关注的重点，甚至还有媒体专门撰写文章，分析张爱玲的服装、爱好、家庭背景、爱情观等，更有人盛赞她是"民国世界临水照花人"。

身为女子，张爱玲自然有爱美的权利。她觉得，虽然男子的生活比女子自由很多，可她还是不愿意做一个男子。张爱玲在服装方面的审美与母亲不同，黄逸梵更偏爱西式风格的服装，她则对中国传统风格的服饰情有独钟。当时的上海流行西式婚礼，参加婚礼的人大多穿着西式礼服，唯有张爱玲穿了一身清末如意镶边儿的袄裤，反而更加惹眼。

她的性格变得比以前开朗了许多，朋友也越来越多。除了炎樱，女作家苏青和潘柳黛都与张爱玲交好，她们时常聚在一起，并不探讨文学，只是像大多数闺密那样品品下午茶，聊一些无关紧要的闲话。

有追求的女人会让生活充满仪式感，张爱玲便是这样的女人。哪怕与苏青和潘柳黛时常见面，她还是会在姐妹相聚的时候尽量打扮得隆重。一次，苏青与潘柳黛来张爱玲家拜访，惊讶地发现张爱玲竟然穿着一件袒胸露臂的柠檬黄色晚礼服。她们以为张爱玲另有约会，没想到张爱玲说："我在等朋友来家里吃茶。朋友已经来了，就是你们俩。"

美丽的服饰让张爱玲找到了极大的自信，她不仅会打扮自己,还会给朋友提供穿戴方面的建议。她建议苏青穿一些简单明快的衣服,只需不经意地露出胳膊或浅胸即可,给人玉女般纯净的感觉;至于潘柳黛,张爱玲建议她找一些祖母的衣裳来穿,青年人的脸,身上满是古董味道,那样更显得别致。

才华、美貌、名气,此时的张爱玲似乎已经拥有了女人最想要的一切。她终于不再需要为钱发愁,但她依然承认自己是一个喜欢钱的人。不过,张爱玲也有自己的原则,哪怕是最亲密的人,张爱玲也不会在金钱方面占对方的便宜,就连和姑姑在一起逛街、看电影时,两个人也会像西方人那样把钱分得很清楚。

人与人之间互不亏欠,才相处得轻松。张爱玲从不吝啬于给姑姑送贵重的礼物,但在生活花销方面,绝对要做到各出各的。姑姑并不反对张爱玲的做法,但有时也会戏称她为"小财迷"。张爱玲在生活琐事方面还是常犯迷糊,打碎杯子或盘子是常有的事。每到这时,姑姑便会开玩笑说让她赶快买新的来补上,却从没有真的因此动过气。

好友炎樱也常说张爱玲"抠门",家境富足的炎樱从不喜欢在金钱方面计较,可若真的细数起来,张爱玲从没占过炎樱的一点便宜。

其实,张爱玲骨子里还是一个没有长大的孩子。她能在公众场合以最光鲜的形象展现出女子的魅力,可若真的与不熟悉的人相处起来,她还是会手足无措。有一次,张爱玲雇了一辆车将家里的白纸运到印刷厂，可付钱时她忽然紧张了起来，因为她并不知道付多少小费才合适。于是，她索性将一把钱塞进车夫手里，哪怕给多了也无所谓了，她甚至不敢看车夫的脸，逃跑一样跳下车跑上了楼。自幼的家庭生活让张爱玲极度缺乏安全感，只有在熟悉的地方、熟悉的人面前，她才能放松下来。

有人说，张爱玲的成名源于幸运。她并不否认这一评价，还专门写道："有一天外面的文明，不论是升华还是浮华，都要成为过去，然而现在还是清如水明如镜的秋天，我应当是快乐的！"

③ 在时间的荒野里

"于千万人中遇见你所遇见的人,于千万年之中,时间的无涯的荒野里,没有早一步,也没有晚一步,刚巧赶上了,那也没有别的话可说,唯有轻轻地问一声:'噢,你也在这里吗'?"

在人群中多看了你一眼,或许就是一种缘。若缘深,余生你便是对的人;若缘浅,纵然情深,也只得相忘于人间。

对于爱情,单纯的张爱玲似乎有那么一丝侥幸心理。她见过中国传统社会下最不堪的婚姻,却依然憧憬能有一份永生永世的爱情,可惜命运弄人,她偏偏遇上的是残忍的人。

1943年的冬天,一声门铃打破了张爱玲宁静的生活。姑姑替张爱玲打开门,见门口站着的是一个看上去温文尔雅的男人,他用深沉的语调自报家门:"我叫胡兰成,慕名拜访张女士。"

对于陌生人,张爱玲有一种本能的排斥,姑姑看懂了张爱玲的暗示,直截了当地拒绝了胡兰成。见大门被关上后,胡兰成并未离开，而是从门缝里塞进一张纸条，上面写了自己的电话号码，还说自己和苏青是旧交。

看到好友苏青的名字，张爱玲对这位来访者有些好奇。她从楼上的窗户偷偷向下张望，看到了一个身着深灰色长袍的身影。那个人戴了一顶礼帽，看上去像个读书人，不过更吸引张爱玲的是他走路时的悠闲姿态。再看他写的字条，笔迹俊逸，尤其是看着落款"胡兰成"三个字，张爱玲对这个素未谋面的陌生人竟心生一丝好感。

既然是好友苏青推荐来的人，避而不见似乎不太给面子。张爱玲与姑姑再三商量，决定还是回访比较好。第二天，张爱玲便按照字条上的电话号码拨了过去，告知胡兰成自己希望登门拜访，喜出望外的胡兰成立刻报出了自家的地址。见离自己的住处并不远，张爱玲决定只身前往。

当张爱玲高挑的身影出现在胡兰成的家门口时，胡兰成为之一惊。他从未想过能写出那样深沉苍凉文字的女子竟有一张稚气未脱的脸，如同一个高中生一般，甚至略显局促，但一身炫目的服饰又将她的气质衬托得那样出尘脱俗。

胡兰成在《今生今世》里曾写过对张爱玲的第一印象："她的神情，是小女孩放学回家，路上一人独行，肚里在想什么心事，遇见小同学叫她，她亦不理，她脸上的那种正经样子。"

胡兰成在自家并不算宽敞的客厅里招待了张爱玲，他说自己是从苏青寄来的《天地》杂志上读到了张爱玲的《封锁》，立刻为之震惊，感叹上海文坛终于有了希望。

这样一番恰到好处的夸奖，让张爱玲对胡兰成的好感又增添了几分。两个人渐渐像熟人一样交谈起来，话题自然围绕着两人都感兴趣的文学。大部分时间都是胡兰成在说话，张爱玲只是静静地听着，偶尔发表一下自己的观点。初见时的局促已经渐渐消散，张爱玲觉得面前这个比自己大很多的男子给人一种舒服的感觉。第一次见面，两人整整聊了五个小时。直到天色渐晚，张爱玲才起身告辞，胡兰成将张爱玲送出了弄堂。

张爱玲鲜少和男子近距离接触，除了父亲和弟弟，胡兰成是她生命中第一个如此亲近的男子。她从未见过如此有才华，又能侃侃而谈的男子，那晚回到家，张爱玲发现只要闭上眼睛，胡兰成的身影便浮现在眼前，挥之不去。

她并未意识到，这就是爱情到来的前兆。只可惜，胡兰成并没有张爱玲想象的那样优秀。胡兰成出身寒门，和第一任妻子玉凤结婚之后，考入杭州邮政局。可没过多久，他就因为和局长发生争执丢了工作，妻子也因病故去。胡兰成一度只能靠借贷过活，遭受过不少白眼。

他曾去广西任教，后又成为上海《中华日报》主笔。上海沦陷之后，胡兰成前往香港担任《南华日报》主笔。后来胡兰成被推荐给汪精卫伪政府，从此发迹，工资一下子从60元涨到360元，终于摆脱了穷困潦倒的生活。胡兰成便成为汪精卫的忠实拥趸，回到上海之后，他不遗余力地为汪伪政府效力。

胡兰成的第二任妻子叫全慧文，曾经跟着胡兰成四处流离，给他生了四个孩子，可当生活刚刚开始好转时，胡兰成便和全慧文离了婚。据说胡兰成在离婚之前就认识了舞女出身的应英娣，被她的风情吸引了，顺理成章地让她成了自己的第三任妻子。

在文学方面，胡兰成算得上才子，但这个才子总是风流多情，上海的风月场所流传着许多胡兰成的风流韵事。据说许多豪门名媛和贵妇人都被胡兰成吸引，同他的关系不清不楚。而向来以"才子"自居的胡兰成对才女更为喜爱，通过张爱玲的文章，胡兰成寻找到了新的"猎物"。

就在张爱玲拜访胡兰成的第二日，胡兰成又来张爱玲家登门拜访。这一次，张爱玲没有拒绝，让他进了门。像前一天一样，胡兰成滔滔不绝地讲述着自己的人生，尤其是讲到自己四处借贷无门、生活颠沛流离的时候，张爱玲流露出同命相怜的神情。她觉得自己的童年和胡兰成有相似之处，都是孤苦无依的。于是，张爱玲天真地认为，曾经苦过的胡兰成应该更懂得珍惜，更懂得如何给妻儿提供安定的生活。

这次见面之后，胡兰成回到家便给张爱玲写了一封诗一般的信，张爱玲则回信："因为懂得，所以慈悲。"从那天开始，胡兰成成了张爱玲家中的常客，几乎每隔一天就要去一次。张爱玲知道胡兰成已有妻室，虽然对这段朦胧的感情有些不舍，却还是写了一张纸条塞给胡兰成，让他不要再来了。胡兰成不仅对纸条上的字视而不见，反而去得更勤。

张爱玲知道自己要沦陷了，她无法抗拒胡兰成对自己的吸引力。胡兰成喜欢张爱玲登在《天地》上的照片，张爱玲第二天便将照片送给他，还在照片的背面写上："见了他，她变得很低很低，低到尘埃里，但她心里是欢喜的，从尘埃里开出花来。"

后来，胡兰成开始在张爱玲家里留宿。胡兰成离开的时候，是张爱玲最伤感的时刻，她写道："你说你没有离愁，我想我也是的，可是上回你回南京，我竟要感伤了。"可当胡兰成试探张爱玲对婚姻的想法时，张爱玲却退缩了。胡兰成的风流韵事，她不是不知道，但若离开他，真的能做到吗？张爱玲在给胡兰成的信中写道："我想过，你将来就是在我这里来来去去亦可以。"

二十四岁的张爱玲，在三十八岁的胡兰成面前彻底沦陷。胡兰成爱上的并不是张爱玲的容貌，却莫名地觉得她无处不醉人，他喜欢与张爱玲交流时灵魂的碰撞。胡兰成不得不承认，张爱玲总能让自己刮目相看，他越来越无法离开她，总觉得她身上还有许多尚未被挖掘的惊喜。

然而，几乎没有人看好张爱玲与胡兰成的爱情。单是从出身来说，张家本是官宦之家，胡兰成是寒门子弟，更何况胡兰成已经被认定是汪伪政府的汉奸，又已有妻儿家室。

姑姑张茂渊更是直截了当地给张爱玲分析利弊。张爱玲不是没有被触动,可是思索再三,她还是无法做到潇洒地抽身退出。她已经中了胡兰成的毒,他给的爱如同绚烂的罂粟花,一旦爱上,便无法轻易戒掉。

此时的张爱玲坚信,抱有目的的爱都不算爱,什么家庭出身,什么身份地位,一切都不如真实地站在面前的这个人。张爱玲眼中的胡兰成是特别的,甚至是完美的。为了想象中那份完美的爱情,被蒙蔽了双眼的张爱玲根本无法看清自己卑微的付出有多么不值得。

最后,张茂渊只能无奈地叹息:"你跟他交往我是不赞成的,但你也大了,自己的事情自己看着办吧!"

就连张爱玲自己都未想到,竟可以为爱卑微到如此地步。她的欢喜与忧愁都是因为胡兰成,时而为两人的厮守愉悦不已,时而又会患得患失。《倾城之恋》里仿佛便有两人爱与纠葛的影子。胡兰成喜欢这部小说。他很愿意把张爱玲引见给自己的朋友,甚至在妻子应英娣的面前,也毫不避讳自己对张爱玲的爱。

应英娣终于对胡兰成的风流忍无可忍。一场激烈的争吵过后,胡兰成对应英娣拳脚相加,这段仅维持了两年的婚姻就此宣告结束。

离婚的那一天,胡兰成在张爱玲的房间里不停地哭。张爱玲无奈,只得安慰:"已去之事不可留,已逝之情不可恋。能留能恋的,就没有今天了。有了结果的事情,还要去寻那些对结果无益的、旁逸斜出的枝节干吗?"以张爱玲的个性,这已是她能给出的最直白的关心。

因介入别人的婚姻而成就了自己的姻缘,又因另一个人的介入而缘尽,应英娣与胡兰成的爱情结局有些讽刺。可终于等到胡兰成成为自由身的张爱玲,并没有迎来好运。拆散别人的婚姻并不是张爱玲的本意,可胡兰成的婚姻终究是因为她而散了。胡兰成觉得自己为张爱玲付出了太多,对张爱玲的索取便更加理所当然。

④ 岁月静好，现世安稳

身处浮华，寻觅的却是一份宁静。张爱玲以为胡兰成就是她的避风港，于是和他秘密签了婚约，证婚人就是张爱玲的好友炎樱。

张爱玲写道："胡兰成与张爱玲签订终身，结为夫妇。"胡兰成则写："愿使岁月静好，现世安稳。"

真的可以安稳吗？签订婚约的那一刻，张爱玲或许认为终于找到了属于自己的那份确定的爱吧？毕竟无论是父爱还是母爱，她都未曾真切拥有过。她多希望胡兰成对她的爱是笃定的，她甚至不在乎是否有盛大的婚礼，不在乎是否有亲人的祝福。一场简单的仪式过后，张爱玲、胡兰成和炎樱三人去百老汇大厦吃了一顿饭，便算是礼成了。

从此，他们有了一个安稳的小家，像许多平凡的夫妻一样，于琐碎而又静谧的生活中享受着人生的幸福时光。有时，张爱玲和胡兰成会一起去市场买菜，回家后一同下厨，揣摩着彼此的口味，像模像样地做出一桌晚餐。饭后的时光是两个人最享受的，他们会肩并肩坐在沙发上读书。天气好的时候，他们也会在晚饭后去公园里散步，直到月光洒下银辉，才手牵手回到那间充满甜蜜气息的小屋。

张爱玲觉得，胡兰成既是她的丈夫，又像文学上的导师，能在文学创作上给予她指导；对于胡兰成来说，张爱玲则是他文学创作灵感的来源。就连胡兰成自己都承认，如果没有张爱玲，他或许写不出后来的《山河岁月》。

在那段静谧的时光里，他们仿佛一个共同体，相伴成长。张爱玲从未觉得自己像此刻这般热爱生活，她越来越爱上海这个地方，喜欢这里夜晚绚烂的灯火，也喜欢阳光下的街道与人流。她开始变得越来越容易快乐，哪怕在熟悉的场景中出现一点小小的变化，也会惊喜地拉着胡兰成一起围观。

张爱玲就像一个收获了一堆玩具的孩子，生怕有一天这些玩具又会被夺走，便拼命抓紧每一丝幸福的感觉。她越来越依恋胡兰成，总觉得唯有相伴才有踏实感，就连听到别人说"再会"，都会感到隐隐的不安。

对她而言，分离是那样可怕，这是从童年起便笼罩在心头的阴影。母亲一次又一次地从她的生活中离开，分别似乎已成为常态，此刻胡兰成的相伴便更显得珍贵。可此时的胡兰成对自己的汉奸身份已经开始担忧，他曾忧愁地对张爱玲说："若江山易了主改了姓，我必定是要逃的，头两年怕是我也要改名换姓，那时定要与你银河相隔，长久失去联系了。"张爱玲的回答却带着一丝调皮："你若变姓，可叫张牵，抑或张招。天涯海角还有我牵你招你。"

胡兰成并没有读懂张爱玲语气里强忍的无奈。若真的有那么一天，她又能怎样呢？张爱玲即便在文学上享受着众人仰慕，终究也是一个无力左右政治的弱女子，她唯一能做的便是多赚一些钱，让两个人在一起的日子过得更舒服一些。

渐渐地，有人对张爱玲的作品有了些微词。《万象》杂志发表了一篇题为《论张爱玲的小说》的文章，文章的作者笔名"迅雨"（即傅雷）。文章的前半部分是对张爱玲《金锁记》的肯定，后半部分则直白地批评了张爱玲后来的作品："《连环套》的主要弊病是内容的贫乏……《金锁记》的作者，竟不惜用这种技术来给大众消闲和打哈哈，未免太出人意料了……无论哪一部门的艺术家，等到技巧成熟过度，成了格式，就不免要重复他自己……一不留神，艺术会给它烧毁的。"

这篇中肯的评论对张爱玲造成了一定程度的刺激，好在小说集《传奇》的销量一路看涨，张爱玲的心情才从愤懑中稍有舒缓。不过胡兰成对张爱玲遭受的批评却有些意难平，于是写了一篇《评张爱玲》，对张爱玲的文章极力夸赞，说"读她的小说宛如在钢琴键子上行走,每走一步都能踩出个美妙音符来;她的文章还像一幅精致风景,涌动出生命的源泉,而她本身也化为源泉的一部分……"

其实,对于迅雨的批评,张爱玲也有些不服气。若是直接回击似乎不太好,张爱玲只能在文章中委婉地回击,她说:"我甚至只写些男女间的小事情,我的作品里没有战争,也没有革命。我以为人在恋爱的时候,比在战争或革命的时候更朴素,也更放肆……我尤其喜欢朴素……我也不赞成唯美派……只是我不把虚伪与真实写成强烈的对照,却是用参差的对照的手法写出现代人虚伪之中的真实、浮华之中的朴素,因此容易被人看作我是有所耽溺……"

迅雨批评张爱玲文章的风波尚未平息,张爱玲与《万象》杂志社的老板平襟亚又开始了一场口水仗。

张爱玲的小说曾在《万象》杂志连载,约定每期一千元,平襟亚却在查账时发现,总共连载六期,张爱玲却领了七千元。于是,平襟亚便在《海报》上发表了《一千元的灰钿》,立刻引来了读者的关注。

后来,张爱玲在《语林》杂志发表《不得不说的话》,详细地解释了事情的原委:"1943年十一月底,秋翁先生当面交给我一张两千元的支票,作为下年正月份、二月份的稿费。我说讲好每月一千元,还是每月拿罢,不然'寅年吃了卯年粮',使我很担心。于是他收回那张支票,另开了一张一千元的给我。但是不知为什么账簿上记下的还是两千元。我曾经写过一篇否认的信给《海报》,秋翁先生也在《海报》上答辩,把详细账目公开了。后来我再写第二封给《海报》,大概因为秋翁的情面关系,他们未予发表。我觉得我在这无谓的事上已经浪费了太多时间,从此也就安于缄默了。"

"平常在报纸上发现与我有关的记载,没有根据的,我从来不加以辩白。但这事我认为有辩白的必要,因为有关我的职业道德。我不愿我与读者之间有任何误会,所以不得不把这不愉快的故事重述一遍。"

"秋翁先生",指的就是平襟亚。《语林》杂志为了证明自己的公正,又请平襟亚写了一篇《一千元的经过》,同时刊登出来。平襟亚不仅在文章中列清张爱玲收取稿费的详细账目和清单,还在文章的最后言之凿凿地写道:"倘若有诬陷,愿受法律制裁,并刊登各大报纸广告,不论若干次地向张小姐道歉。"

其实,钱多钱少,都不是争论的目的,张爱玲已经是公众人物,这些牵扯不清的官司不过是为了借张爱玲的名气搏眼球罢了。这个道理张爱玲怎能不懂,就像她后来对弟弟张子静说的那样:"你姊姊是现在上海最红的作家,随便她写一篇哪怕只是几百字的短文,也可为刊物增色不少。"这场口水战如同一场"罗生门",最终也没辩出个所以然。

向来心直口快的潘柳黛也发表了一篇文章《论胡兰成论张爱玲》，里面有一些张爱玲不爱听的话。因此，曾经是好友的两个人渐渐没了来往，即使在公共场合遇见，张爱玲也尽量躲避。后来张爱玲甚至还说："潘柳黛是谁，我不认识。"

张爱玲觉得，自己的文章与其便宜别人，不如成就自己人。胡兰成与张爱玲婚后不久，创办了《苦竹》杂志，张爱玲在杂志上发表了《谈音乐》《桂花蒸阿小悲秋》等文章。

作为对胡兰成的支持，《苦竹》杂志前两期共发表了张爱玲的十数篇文章，但到了杂志第三期出版时，张爱玲的文章却不见了。此时，胡兰成不在上海，又纳了妾，正所谓"男人离开六个月便靠不住了"。

情虽淡，张爱玲的写作却还要继续。这段时间成为张爱玲文学创作的巅峰时期，她的小说《倾城之恋》被改编成电影，张爱玲自己担任编剧。电影拍摄完成后，在新光大剧院连续放映了80场，整整两个月，一票难求，影评界对这部电影更是褒奖不已。

1945年，张爱玲出版散文集《流言》，里面收纳了她的30篇散文作品，出版不到一个月就销售一空，之后又接连再版。仿佛已经参透浮华不是永恒，关于这本散文集的书名，张爱玲曾预言：《流言》里的散文，不久将随清流飘散在人世间，因而留不长久。

第五章 片刻・一别,就是一生

① 命运埋下的伏笔

张爱玲在纷乱的世道迫切想寻找一份安稳的爱情，只是因为太想弥补生命中缺失的那一部分。

胡兰成的爱，从来不只属于张爱玲一个人。最初的甜蜜时光过后，张爱玲发现自己哪怕守在胡兰成身边，也难以觅得心安。有时候，他的爱情还不如友情来得实在。

好友苏青是一个能读懂张爱玲的人，同为才女，她们惺惺相惜，彼此尊重。在爱情里，她们都是受过伤的女子。苏青曾有过一段包办婚姻，男方是位少爷，自尊心极强却又不能持家，洒脱的苏青毅然从婚姻中逃离，离了婚也依然活得精彩。她可以一个人创办一份杂志，身兼策划、编务、发行数职，还能同时照顾孩子和母亲，以及生病的弟妹。

张爱玲对苏青是钦佩的，还能读懂她独自一人支撑家庭与事业的不易。谈及丈夫的人选，苏青曾说："第一，本性忠厚。第二，学识财产不在女的之下，能高一等更好。第三，体格强壮，有男性的气魄，面目不要可憎，也不要像小旦。第四，有生活情趣，不要言语无味。第五，年龄应比女方大五岁至十岁。"唯有张爱玲知道，曾经的苏青，不过是想要一个爱她的男子，能与她心灵相通，哪怕没有言语，也能懂得彼此，相互依偎取暖。

曾经的单纯憧憬，都是被生活的琐碎一点点磨没的。唯有陷入错误婚姻中的女子才懂得，现实生活会浇灭浪漫的爱情火焰。哪有什么天生的独立，不过是在生活中挣扎得久了，不愿被命运的漩涡吞噬而苦苦支撑罢了。

时代的洪流，政治的变迁，都在无声地宣告，分离已经近在眼前。那一天，胡兰成陪张爱玲去看崔承喜的舞蹈演出，那是张爱玲最喜欢的舞蹈家。从戏院出来时，外面下起了雨，两个人叫了一辆黄包车，张爱玲索性坐在胡兰成的身上，那样放肆的姿态，是第一次，也是最后一次。

幸福，就在那个落雨的夜晚向张爱玲挥手作别。1944年11月，胡兰成前往湖北接编《大楚报》，两个人从此开始了分居两地的生活。熟悉的寂寞，那是张爱玲从前每一天都在经历的感受，如今重新体验，她发现自己竟然无法适应。

张爱玲忽然想起自己最爱的李清照，李清照与赵明诚朝夕相处十年积累出的浓情，在分隔两地之后也日渐变淡。"人何处，连天芳草，望断归来路"便是李清照于孤独中的呐喊，那个让她苦苦等待的男人，终究是与她越走越远。张爱玲不敢去想，不知她与胡兰成是否会像李清照和赵明诚的结局一样。

武汉与上海相隔甚远，张爱玲纵然望穿秋水，也望不到在远方正游戏花丛中的胡兰成。

胡兰成在汉阳医院结识了护士周训德——一个只有十七岁的花季少女。虽然胡兰成从不隐瞒自己已有妻室，也常常在周训德面前袒露对张爱玲的欣赏，但周训德还是在胡兰成这里沦陷了。她不计名分，如飞蛾扑火般奋不顾身，心甘情愿地做了胡兰成的妾。她唯一的要求就是胡兰成必须为她举办一场像模像样的婚礼。

张爱玲都未曾享受到的一场婚礼，周训德享受到了。一身红衣的周训德仿佛才是胡兰成的正室妻子，而远方的张爱玲竟对此事一无所知，依然心心念念地惦记心爱的男人在远方是否安好。张爱玲时常给胡兰成写信，写她的思念，也写家中琐事，言语间满是相思和依恋。

沉浸在温柔乡中的胡兰成仿佛已把张爱玲忘得一干二净，直到1945年3月回到上海，他才将同周训德的事情告诉张爱玲。哪怕是一场倾盆大雨兜头浇下，张爱玲的心也不会感觉像此刻这样冰冷吧？她简直不敢相信自己听到的话，面前这个让自己付出全部真心的男人，竟突然变得如此陌生。

张爱玲并未想到，自己卑微到尘埃里的姿态，竟会换来他肆意的践踏。可是伤心过后,她却依然沉沦在对胡兰成的爱里无法自拔。她告诉自己,再多爱他一些吧,或许那样他便会回心转意。

胡兰成的确没有在张爱玲面前再提起周训德,原来,他也是一个"专一"的男人,他的爱只够应付眼前人。

可是两个月后胡兰成再次去往武汉,一见到周训德便立刻将张爱玲丢在了脑后。张爱玲在《银宫就学记》中曾写道:"以往的中国学者有过这样一个普遍的嗜好:教姨太太读书。其实,教太太也未尝不可,如果太太生得美丽,但是这一类的风流蕴藉的勾当往往要到暮年的时候,退休以后,才有这闲心,收个'红袖添香'的女弟子以娱晚景,太太显然是不合格了。"我们可以想象,写下这段文字时的张爱玲心底该是怎样的荒凉。

1945年8月15日,日本投降。就在中国人沸腾欢庆的时刻,胡兰成却惶惶如丧家之犬,一头扎进《大楚报》报馆,哆哆嗦嗦地看完日寇发来的电讯,彻底陷入深深的恐惧之中。

没想到,蒋介石接下来的决定更让胡兰成一颗摇摇欲坠的心跌到谷底。蒋介石派原汪伪政府的叶蓬担任第七路军总司令,接管鄂赣湘军务,这便意味着伪军军长邹平凡也要被收编,而邹平凡和胡兰成的汉奸名分是抹不掉的,只有死路一条。

胡兰成与邹平凡商量之后,决定连夜将叶蓬的特务营端掉,又派人去抓刚刚抵达武汉机场的叶蓬,吓得叶蓬立刻坐飞机逃回南京。

借此机会，胡兰成与邹平凡收编了一万兵力，准备固守武汉三个月，之后便退守鄂赣湘地区，等着抬高身价，让蒋介石以高价收编自己。

得知消息的蒋介石立刻将邹平凡叫到重庆，狠批一顿。邹平凡就此倒戈，与胡兰成划清了界限。没有了邹平凡的军队支持，胡兰成只剩下一条卑微的小命，再也无力与蒋介石对抗，于是他决定逃走。

那天晚上，胡兰成借着吃晚饭的机会告诉周训德，自己不打算带她逃走，因为不愿她受苦，并且信誓旦旦地承诺，五年之后，一定会来接她。

逃跑之前，胡兰成给周训德留下十两金子，外加够吃两三个月的大米。此刻，周训德坚信胡兰成有东山再起的一日，到时候会再与他破镜重圆。短短九个月的甜蜜，换来一场别离，周训德竟然心疼胡兰成逃亡后无人照顾。胡兰成何其幸运，每一个女子都对他情真意切，可惜每一个都被他辜负。

这一次周训德和胡兰成的分别，竟是永别。胡兰成逃到汉口，找到日本人帮他出逃。可惜当时的汉口被严防死守得如同铁桶一般，像胡兰成这样的大汉奸根本无处可逃。胡兰成正一筹莫展之际，刚好赶上一艘运送伤员的船去往南京，胡兰成便趁着夜色，在日本人的保护下上了船。

即便获得暂时的安全，胡兰成也无法安心。偌大的中国已经没有他的藏身之处，唯有前往日本，或许还有一线生机。他辗转返回上海，躲在一个日本人家里，准备实施逃往日本的计划。同时，他也将自己返回上海的消息悄悄告诉张爱玲，等待与她相见。

张爱玲此刻的日子也不好过，曾经执意嫁给大汉奸胡兰成，本就遭到一片反对之声，如今汪伪政府倒台，那些曾经喜欢张爱玲小说的人也"变心"了。整个上海文坛对张爱玲是一片讨伐之声，不仅因为她与胡兰成的关系，也因为她曾在日伪政府的刊物上发表过文章，还参与过日伪政府的文化活动。

天真与执着都是要付出代价的，张爱玲付出的代价便是背上了"文化汉奸"的骂名。随着日本侵略者战败，中国人对日本人和汉奸的恨再也无法压抑，在民众的舆论推动下，蒋介石也不得不加快对日伪汉奸的清算进度。就连可怜的周训德也遭受了胡兰成的牵连，被抓了起来，最后只得把胡兰成留下的金子全部交了出来，才被释放。

张爱玲和苏青也被恐惧笼罩着，她们连门都不敢出，一有人敲门便紧张得心脏怦怦直跳。其实，张爱玲根本搞不清自己到底算不算汉奸，只知与汉奸胡兰成有关系是不争的事实。

苏青打算回乡下避风头，张爱玲却无处可去，只能继续躲在公寓里。另一头，胡兰成却下定决心继续效忠日本人，还建议日本人顽抗到底，又写了一篇《寄语日本人》表白自己对日本人的忠心。穷途末路的日本人自然不会采纳胡兰成的建议，使得躲在日本人家里的胡兰成日子一天比一天难过。

终于，胡兰成再也忍受不了这如同丧家之犬的日子，让侄女把自己护送到张爱玲的公寓。久别的两个人终于重逢，却没有一丝喜悦。此刻的胡兰成，没有了当初的意气风发，蓬头垢面如同乞丐一般。张爱玲几乎认不出站在面前的就是自己朝思暮想的爱人，一时间，她竟说不出那些在心底堆积了许久的思念、担忧与恐惧，唯有一双泪眼，出卖了她心底的惊慌。

短暂的重逢过后，便是长久的分别。胡兰成与张爱玲匆匆告别后，撇下张爱玲一人，再次出逃。

② 非走不可的弯路

在人生的路上,有一条路每一个人非走不可,那就是年轻时候的弯路。不摔跟头,不碰壁,不碰个头破血流,怎能炼出钢筋铁骨,怎能长大呢?

胡兰成走上了一条叛国的不归路,张爱玲祈愿他能逃脱。她并非站在祖国的对立面,只是出于小小的私心,希望自己深爱的人能平安。

其实,得知日寇投降的消息,张爱玲和所有的中国人一样是高兴的,还拉着炎樱的手到大街上庆祝。只可惜这种快乐只维持了短短一天,身为汉奸家属的张爱玲便失去了欢庆的资格。

胡兰成先是逃到杭州,又和侄女婿乘船经过钱塘江,坐上公共汽车赶往绍兴皋埠镇。一路颠簸,胡兰成早已失去了欣赏江南美景的雅兴。好不容易到了侄女婿的姐姐家,小住几天之后,胡兰成觉得这里并非安全的藏身之地。于是他又逃往诸暨,投靠好友斯颂德。

胡兰成与斯颂德是高中同学,曾经在斯家住过一年,与斯颂德交情深厚。胡兰成逃往诸暨时,斯颂德已经去世,大太太袁珺收留了胡兰成,让他安心住下。

胡兰成起初还庆幸自己逃得及时,可蒋介石清算汉奸的消息不断传来,他依然惶惶不可终日,担心自己躲在斯家的消息被泄露出去。斯家人也看出胡兰成的担忧,便以串亲戚会友的名义将他送往陈蔡小学暂时躲避。

可躲了没几天,胡兰成的身份便被泄露了,无奈之下,斯家又把胡兰成送到琴岗村一处亲戚家里躲避。没过几天,胡兰成还是不安心,整日担心自己被人认出来,就又躲到了邻村。就这样,几天之内,胡兰成换了四五个藏身之处,依然觉得处处都不安全,最后只好又躲回斯家。

躲在斯家的那段日子,胡兰成结识了斯家姨奶奶范秀美。范秀美是个美丽的江南女子,一双大眼睛如同满含深情的湖水,一下子便勾走了胡兰成的心。范秀美十六岁嫁入斯家,已经守寡多年,只比胡兰成大一岁,为了胡兰成的事,她没少出钱出力。胡兰成对她既有好感,又加上感激,便催生出朦胧的爱情。

仿佛是上天想要成全这一段情,斯家打算让范秀美陪胡兰成去温州躲避,范秀美一口答应,胡兰成更是高兴不已。从诸暨到温州路途漫长,两个人有大把时间独处。胡兰成滔滔不绝地对范秀美讲述着自己和众多女子的风流韵事，其中包括张爱玲，也包括周训德。

这便是胡兰成对付女人的一贯伎俩，先将自己的风流过往和盘托出，对方若接受，以后便不要再因醋意生事。那些风流韵事没有吓退范秀美，反而更让她觉得胡兰成坦诚可信。她倾慕胡兰成的有学问，迷恋他的翩翩风度，不知不觉一颗心便满满都是胡兰成。

在去往温州的路上，胡兰成和范秀美便在一起了。想到斯家，胡兰成还觉得有些不好交代。反倒是范秀美更洒脱，她说斯家人都很开通，不会在乎这件事，使得胡兰成仅有的一丝愧疚彻底烟消云散。

到了温州，范秀美带胡兰成去了自己母亲家里。虽然范秀美称那里是家，其实不过是母亲向别人家借来居住的一间柴棚。自从范秀美的弟弟被日本人的炸弹炸死，这间柴棚里便只剩范秀美的母亲一个人了。

范秀美谎称胡兰成是斯颂德的表哥，在这陋室之中，给了胡兰成暂时的安稳。胡兰成安顿下来之后的第一件事，便是给张爱玲写信报平安。此时的张爱玲，已经被骂成"海上文妖""汉奸之妾"，只能整天躲在公寓里，不再写文章，因为张爱玲知道，即便她把文章写得再出色，此时也不会有人愿意发表了。

仿佛是在一瞬间，张爱玲好不容易拥有的一切都灰飞烟灭。

她的理想、事业、爱情,甚至安稳的生活都寻不回来了,一切都回到了最初的模样,不,比当初更糟。

没有人能懂张爱玲此刻的孤独与无助,甚至没有人愿意谅解她的执着与无奈。心痛的滋味,没人比此刻的张爱玲更能体会,她无比思念胡兰成,想要立刻奔向他,寻找一个温暖的怀抱。

张爱玲真的这样做了,她立刻启程赶赴温州,甚至忽略了路途上的颠簸与艰辛,满心想象着与胡兰成重逢时的温馨场景。

当她带着满心欢喜出现在胡兰成面前时,胡兰成却兜头便是一句:"你来这儿干什么,赶快回去!"他担心张爱玲撞破他与范秀美姘居的事情,恼羞成怒之下,哪里还顾得上享受重逢的喜悦。张爱玲满心都是委屈,她转身跑出去,泪水流满了脸颊。胡兰成这才清醒过来,立刻追出去,在温州公园附近找了一家旅馆将张爱玲安顿下来。

"你既然不想见我,就不要来了。"张爱玲委屈地冲胡兰成喊。胡兰成自知有错,只是不停地哄她。在胡兰成面前,张爱玲依然是低到尘埃里的,经他几句哄,火气便消了大半。胡兰成最擅长甜言蜜语,安慰张爱玲说自己只是担心她在兵荒马乱中走这么远的路,害怕她出意外,一番话便又唤醒了张爱玲的柔情。张爱玲担心胡兰成过得不好,特意为他带来一些衣服和钱,又担心巡警来旅馆查房,在把这些东西匆匆交到胡兰成手里后,便催促他赶快离开。

为了避开巡警，胡兰成每天只在白天来旅馆找张爱玲。张爱玲对胡兰成讲自己沿途的经历，讲上海的趣闻，恨不能一口气诉尽这段时间的离情。两个人大部分时间都待在旅馆里，偶尔才会出门逛一逛温州的街市。即便不能经常出门，守在胡兰成身边的张爱玲也是踏实的。只有在胡兰成面前，她才能重新展露温柔的笑颜。

在旅馆里，张爱玲第一次见到了范秀美。女人的直觉告诉张爱玲，胡兰成和范秀美之间的关系绝对不简单。在温州，胡兰成不敢承认张爱玲是他的妻子，若有人问起，便谎称是他的妹妹。张爱玲总是轻蔑地一笑，懒得为自己争取虚无的名分，但不管在上海时承担了多少骂名，她都觉得不如这一声"妹妹"更伤人。

即便如此，张爱玲还是不忍心苛责胡兰成。她用最后的爱试着理解这个让自己深爱的男人，毕竟自己不善于处理家庭琐事，而逃亡在外的胡兰成的确需要人悉心照顾，在照顾人这方面，范秀美的确比自己做得更好。

一次，胡兰成在旅馆里肚子痛，却在张爱玲面前一直忍着。直到范秀美来了，胡兰成才像个孩子般地撒着娇，说自己不舒服。范秀美对胡兰成那样温柔细心，一边问他痛得严不严重，一边忙着给他泡热茶以缓解腹痛。

两个人在张爱玲面前肆无忌惮地上演着恩爱的戏码，看似温馨的场面，在张爱玲眼中就如同一场讽刺电影。张爱玲从小就是个敏感的女子,她几乎不需要问,便知道了范秀美与胡兰成的关系,更能看出在胡兰成心目中,范秀美的地位早已超越了自己。此时的张爱玲,似乎更像是个插足到别人婚姻中的女人,尴尬且多余。

张爱玲承认,范秀美是个漂亮的女人,有着江南女子独有的温情,她甚至突发奇想地要给范秀美画一张画像。当她下笔后,每画一笔,便像用一把钝刀在心头狠狠地割出一道裂口,能清晰地感觉出皮肉撕扯的痛。她强忍着内心的痛,在画纸上勾勒出范秀美的脸庞,又画出眉眼和鼻子,便再也画不下去了。范秀美不好多问,反而是胡兰成在范秀美离开之后追问张爱玲为什么停笔。张爱玲说,越画越觉得范秀美的眉和嘴都像胡兰成,她是那样难受,难受到再也没有画下去的力气。

小小的一间旅馆,容不下三个人的爱情。张爱玲本可以名正言顺地留下来,可她知道自己已不是胡兰成的爱人,决定离开。

人生有时就像一部悲情的电影,伤感的片段总要配上一场落寞的雨。张爱玲离开温州的那一天,便是这样一个雨天。雨大张旗鼓地下着,胡兰成撑着伞为张爱玲送行。分别的话语,张爱玲想了无数句,但无论说什么,她都找不到胡兰成眼中的依依惜别。于是,她叹了一口气:"你到底是不肯。我想过,我倘使不得不离开你,亦不致寻短见,亦不能够再爱别人,我将只是萎谢了。"

一场倾城之恋，到了落幕的时候。再美的爱情，到了尽头也只剩辛酸。来温州时，她满心期待；离开温州时，她只有心寒。

张爱玲终究还是说不出"分手"二字，却知道曾经的温情再也难续了。令她没有想到的是，在一颗心已经枯萎之后，她竟然还要替胡兰成收拾烂摊子。

张爱玲回到上海后不久，得知范秀美也来了，并且还怀孕了。做流产手术在当时是违法的，只能找私人医生，可胡兰成拿不出那一百元的手术费。范秀美所有的钱都在胡兰成身上花光了，她只得拿着胡兰成写的字条来向张爱玲求助。

得知范秀美的来意后，张爱玲除了震惊，便是无语。该是多么厚颜无耻的男人，才会让妻子给妾做流产手术的钱？张爱玲拿着字条默默转身走回房间，每一步都走得那样艰难。张爱玲早已没有收入，更没有什么积蓄，只能从房间里拿出一只金手镯，让范秀美拿去当铺换手术费。

或许这就是孽缘吧，已被爱人伤透了心，还这样为其付出的，可能只有张爱玲一人了。

③ 逃离黑夜

因为在乎,所以心痛;因为用情太深,才会被情所伤;因为太爱一个人,所以任由他放纵。她本想爱到地老天荒,最终却各奔东西。

张爱玲在上海出钱为范秀美做流产手术,胡兰成却在温州另结了新欢,与邻家农妇不清不楚。范秀美也没有成为胡兰成最后的女人——胡兰成曾经对她承诺,等时局安稳了,便为她办一场喜酒,与她白头偕老。不过范秀美早已看清了胡兰成,只是平静地回答:"你的世面在外头,自有张小姐和周小姐。我宁可在杭州吃斋念佛,久居于此。你若常常来看我,我便知足了。"

胡兰成却不死心,貌似调侃地说道:"我最讨厌这样的老太婆,你我正是当年,若桃花开过,便是水塘月色下的粉嫩荷花,你定要嫁我,如今必要应允我一声听听。"范秀美再也不肯多言,她似乎比张爱玲更懂胡兰成,深知哪怕对他付出再多的情也无果。握不住的沙，索性扬了它。

而胡兰成呢？他的生活中从不缺女人，日子依旧过得很潇洒。在温州，他偶尔会在报纸上发表一些小品。通过这些文章，他结识了温州名绅刘景晨。

其实，刘景晨与胡兰成本不是一路人。刘景晨是爱国人士，在抗日战争期间，汪伪政府曾想拉拢刘景晨，被刘景晨义正词严地拒绝了。从此刘景晨便成为汪伪政府的眼中钉，为了躲避汪伪政府的迫害，他才躲到了温州。

不过，在反对蒋介石的统治方面，胡兰成觉得自己和刘景晨是站在同一战线的。并且，刘景晨在温州有名望有地位，胡兰成若能与他拉上关系，就等于在温州站稳了脚。

范秀美曾为胡兰成取名"张嘉仪"，这本是范秀美为自己的义子取的名字，为了帮胡兰成隐藏身份，便将这个名字给了他。他终究没有成为张爱玲的"张牵"或是"张招"，却谎称自己是张佩纶的后代，借着张爱玲的家族荣耀为自己脸上贴金。

胡兰成想方设法地在温州结识更多名士，还以张佩纶后人的名义给爱国民主人士梁漱溟写信研讨学术。他的文采与编造出来的家世背景，让梁先生对他高看一眼，梁先生甚至还在回信中说："几十年的老友里，若有针砭漱溟者，便是老兄你了。"

有了刘景晨的关照与梁漱溟的赏识，胡兰成在温州过得顺风顺水，还得到了一份中学教员的工作。在此期间，胡兰成还忙着撰写《山河岁月》，并且即将完成。这让他觉得自己终于迎来了出头之日，一口憋了多年的闷气到了吐出来的一天。胡兰成按捺不住内心的喜悦，想要与张爱玲分享他此刻的得意。他在信中透露了自己与梁漱溟、刘景晨的友谊，最后还仿佛炫耀一般，将自己与邻家农妇交往的事也对张爱玲和盘托出。

纵然爱得卑微，张爱玲也受不了胡兰成这样践踏自己的尊严。胡兰成的情事让张爱玲又气又恨，她再也拿不出客气的语调，在回信中直截了当地写道："我已经不喜欢你了，你是早已不喜欢我了的。这次的决心，我是经过一年半的长时间考虑的。时此唯以小吉故，不欲增加你的困难。你不要来寻我，即或写信，我亦是不看的了。"

张爱玲觉得自己渐渐不认识胡兰成了。其实，从始至终，她都未曾看清过胡兰成的真面目。她不是一个轻易动情的女子，一旦动了情，便会奋不顾身。念着曾经的夫妻情分，张爱玲在回信里附带了三十万元的分手费，那是她撰写两部剧本的全部收入。胡兰成收到钱后，还仔细地数了数，之后呆呆地对着那封回信坐了半晌。

或许，胡兰成对张爱玲是有爱的吧，只是他的爱有限，分给了太多人，而留给张爱玲的爱真的太少了。

那几乎是一封诀别信，胡兰成读过之后却并没有感到难过。他只是有些茫然，仿佛弄丢了某件用习惯了的物件，的确会有些不适应，但很快就会被其他的人和事冲散注意力。

张爱玲曾评价自己是个自私与小气的人，但只有真正了解她的人才知道，对待自己认可的人，张爱玲是多么坦诚与大气。她不是一个被亲情灌溉出来的女子，所以对那些与血缘无关的爱情与友情格外珍惜。

曾经，张爱玲的好友柯灵被捕，困在"贝公馆"。得知此消息的张爱玲十分担忧，立刻找胡兰成帮忙。没过多久柯灵便被释放，得知自己是被张爱玲救出来的，柯灵无比感激。虽然张爱玲总说自己是个在乎钱的"小市民"，但在正义是非面前却从不斤斤计较。就连曾经与张爱玲打过口水仗的平襟亚因得罪日本人而入狱后，张爱玲也给予平襟亚的家人许多照顾。平襟亚的女儿回忆说，张爱玲在她心目中是个可亲可敬的大姐姐。

每个人都是多面体，将"好"与"坏"的标签贴在任何一个人身上都是不公平的。张爱玲是个奇女子，从不在意他人的评价，或许她的确有些"自我"，有些特立独行，只想活出自己的姿态。

就在张爱玲给胡兰成写完那封分手信之后不久，由她担任编剧的电影《太太万岁》上映了。《太太万岁》讲述的是陈思珍与唐志远结婚后使出浑身解数做贤惠太太，却遭遇丈夫出轨，她想方设法挽救家庭的故事。胡兰成与温州中学的师生们一同在电影院观看了这部电影，听着影院中此起彼伏的叫好声，胡兰成心中一时间五味杂陈。

刚收到那封分手信时,胡兰成曾觉得张爱玲狠心绝情,可此刻,他仿佛又突然读懂了张爱玲的心,一股强烈的思念从心底翻涌,有种想要立刻把张爱玲对自己的爱找回来的冲动。

于是,胡兰成给张爱玲的好友炎樱写了一封信,因为炎樱是他们俩的证婚人,他希望通过炎樱来转达自己对张爱玲的心意。信的内容大概是这样的:"爱玲是美貌佳人红灯坐,而你如映在她窗纸上的梅花,我今惟托梅花以陈辞。佛经中有阿修罗,采四天下花,于海酿酒不成,我有时亦如此惊怅自失。又《聊斋》里香玉泫然曰:'妾昔花之神,故凝今是花之魂,故虚,君日以一杯水溉其根株,妾当得活。明年此时抱君恩。'年来我变得不像往常,亦惟冀爱玲以一杯水溉其根株耳,然又如何可言耶?"

炎樱把这封信翻来覆去看了许多遍,也没读懂信中晦涩难懂的语言。既然信里有"爱玲"二字,炎樱便把这封信直接转交给张爱玲。看过这封信,张爱玲只是轻蔑一笑,泼出去的水,就算收回来,也掺了地上的土,都说弱水三千,可胡兰成从来不只取一瓢饮。

张爱玲没有再给胡兰成回信,她用自己的态度告诉胡兰成,他已经彻底失去了她的爱。张爱玲的确足够了解胡兰成,他从不会为任何一个女人伤感太久。很快,胡兰成便释怀了,无论张爱玲爱不爱他,都无所谓。

倔强的张爱玲，再也不会向胡兰成的滥情妥协。她付给胡兰成的那三十万元钱，几乎是她的全部积蓄，她宁可自己生活得拮据一些，也要彻底斩断情丝。

后来，有一次胡兰成途经上海，在张爱玲家住了一夜。他还是一副高高在上的姿态，指责张爱玲的生活细节，又追问张爱玲如何看待自己写的那篇《武汉记》。那分明是为小周写的文章，张爱玲懒得说一个字，她用沉默给了胡兰成最大的讽刺。将他安排在另一个房间住下，她便转身回了自己的卧室。第二日清晨，两人不欢而别。

张爱玲去了美国后，曾写明信片向胡兰成借书。胡兰成以为这是两人重归于好的机会，便写了一封缠绵的信，将其与书一同寄了过去。过了很久，张爱玲才写了一封回信："你的书和信我已收到，我不想写信，请你原谅。若《今生今世》下卷出版，你若不感到不快的话，请寄一本给我，我这里预先道谢，不另回信了。"

不过生活还要继续，张爱玲找到创办《海风》杂志的龚之方，让他帮忙请邓散木先生给即将出版的《传奇》的增订版封面题字。关于《传奇》增订版的出版，源于一场盗版事件。当时，市面上出现了《传奇》的盗版书，张爱玲气愤不已，到警察局投诉，却毫无用处。一怒之下，张爱玲决定重新出版，增订版不仅有邓散木先生题写的"张爱玲传奇增订本"八个楷书题字，还有炎樱设计的古典与现代风格结合的封面，十分精致。

张爱玲又将增订本中收录的小说从原来的7篇增加到16篇，字数从原来的20多万字增加到50多万字。这本书由她亲自编排，每一页都亲自校订。书印好后，张爱玲又在每一本书的版权页上亲自盖上自己的图章，总共3000册，她盖章时盖得极为认真。

抗日战争已结束，一段不堪回首的情也已落幕。张爱玲从来不是一个愿意为自己辩解的人，可是她觉得，既然要让生活重新开始，她就必须澄清一些事情。于是，在增订本《传奇》的序言里，她这样写道：

"我自己从来没想到需要辩白，但是一年来常常被议论到，似乎被列为文化汉奸之一，自己也弄得莫名其妙。我所写的文章从未涉及政治，也没有拿过任何津贴。想想看我唯一的嫌疑要么就是所谓'大东亚文学者大会'第三届曾经叫我参加，报上登出的名单内有我，虽然我写了辞函去（那封信我还记得，因为很短，仅只是：'承聘第三届大东亚文学者大会代表，谨辞。张爱玲谨上'）。报上仍旧没有把名字去掉。至于还有许多无稽的谩骂，甚而涉及我的私生活，可以辩驳之点本来非常多。而且即使有这种事实，也还牵涉不到我是否有汉奸嫌疑的问题；何况私人的事本来用不着向大众剖白……但一直这样沉默着，始终没有阐明我的地位，给社会上一个错误的印象，我也觉得对不起关心我前途的人。所以在小说集重印的时候写了这样一段作为序。"

其实张爱玲知道，自己这番辩白不会有太大作用，但憋在心底的话说出来了，心里也就轻松了。就在《传奇》增订版出版的同时，柯灵撰写了一篇《张爱玲与〈传奇〉》，算是帮助张爱玲宣传。考虑到张爱玲此前承受的谩骂，柯灵不仅用化名为文章署名，文章的措辞也极其小心谨慎。可即便如此，还是有人看出这是柯灵的文笔，柯灵也为此遭受了许多抨击。

张爱玲没有再出面替自己和柯灵辩白，只在心底默默感谢柯灵替自己承担了那么多的压力。在一瞬间，张爱玲突然与自己和解了，不再执着于别人口中的自己究竟是什么模样，一抹释然的笑，便这样浮现在她的嘴角，那样美。

黑夜终将过去，属于张爱玲的光明就要到来。

④ 爱到千疮百孔

回忆似乎永远是惆怅的，缘起缘灭，皆不受个人控制。张爱玲曾经以为，爱情是一件简单的事情，不是"我爱你"，便是"我恨你"，爱到最后才发现，所谓深情，她根本担不起。

张爱玲的人生如同一部爱恨纠缠的剧本，很长一段时间里，她在社会舆论与不幸婚姻的双重打击下，几乎没有作品。柯灵向张爱玲提议，不如去试着写剧本，这为她打开了一扇通往电影剧本创作之路的大门。

1946年，柯灵邀请张爱玲参加一场文艺界的聚会。这次聚会的主办者是电影导演桑弧，聚会的地点就是桑弧的家。桑弧原名李培林，与张爱玲算是上海老乡，曾经在证券交易所当过学徒，从沪江大学新闻系毕业之后，进入银行工作，直到与周信芳和电影导演朱石麟相识后，才在他们的提携下走上文艺写作的道路。

此时的桑弧正在文华电影公司担任编导，这次聚会他邀请的大多是文学界与文艺界的名人。张爱玲本来就在桑弧的邀请名单里，只不过虽然桑弧仰慕张爱玲已久，却和她素未谋面，于是才拜托张爱玲的好友柯灵代为邀请。

张爱玲出席热闹的场合，必定要拉上炎樱作陪。她本就不爱说话，在文学创作方面沉寂多时之后，更加沉默寡言。身处人群中的张爱玲还是觉得孤独，事业与爱情的双重摧残让她疲惫不堪，虽然身上还是穿着"奇装异服"，但在她的眼神中似乎已寻不到当年的神采。

桑弧一直关注着张爱玲，却始终没有勇气上前交谈。直到看见张爱玲独自一人走到阳台，望着清冷的月亮出神时，桑弧才轻轻走到她身边，向她介绍起自己。桑弧为人真诚，这让张爱玲感觉亲切，不再那么陌生。简单聊了几句之后，桑弧便诚恳地邀请张爱玲为文华公司创作电影剧本。张爱玲犹豫了，她已经太久没有发表文学作品，便婉拒了桑弧的邀请。

遭到张爱玲的拒绝后，桑弧几次欲言又止，他本想继续劝说几句，又怕惹张爱玲厌烦。好在这时柯灵和龚之方也过来劝说，桑弧一直在旁边紧张地观察着张爱玲的反应，却从她的眼神中找不出一丝波澜。

桑弧几乎死了心，他听说过张爱玲的个性，她若不愿做的事，没人劝得了。就在桑弧差点儿放弃的时候，张爱玲竟然出人意料地点头答应了。其实，虽然张爱玲从没写过剧本，却因为热爱电影,在文学创作方面早就受到了电影的影响。她本就天赋极高,再加上认真揣摩,很快就写出电影剧本《不了情》。

这部电影讲述的是一个企业家和女家庭教师之间的爱情故事,沿袭了张爱玲在创作上一贯的悲凉风格,最终以分别结尾。不知在撰写这部剧本时,张爱玲是否代入了自己与胡兰成之间的感情,透过这部电影预示那一段爱情没有结果。

桑弧担任电影《不了情》的导演,这是他与张爱玲之间的第一次合作。电影上映之后既叫好又叫座,有了这次成功的合作为基础,桑弧与张爱玲很快开始了第二次合作——电影《太太万岁》。

一连两部电影的热映,终于让张爱玲找回了久违的成就感。影视圈是个热闹的场所,作为电影编剧,张爱玲少不了要参加一些交际应酬。她试着不再那么排斥应酬,努力让自己适应电影编剧这个全新的身份。

在影视圈人士的聚会上,开始经常出现张爱玲的身影。她还是话不多,但不再躲避人群,总是面带微笑地听别人高谈阔论。她也结识了一些谈得来的朋友,其中就包括唐大郎。他是一个风趣幽默的人,总能逗得别人开怀大笑,也喜欢捉弄人。张爱玲很喜欢这样的朋友,与他越来越亲近。

一颗曾经如同死水般的心渐渐复活,原来再热烈的爱情也不如事业上的成就感来得踏实。

有时，张爱玲还会主动与影视圈的人交往。虽然张爱玲是地道的上海人，但对地道的上海话却不太熟悉，为此，她还专门向龚之方请教，因为她觉得龚之方的上海话讲得最地道。

之前，很多人不敢邀请张爱玲参加聚会，因为听说张爱玲是个不喜欢交际的人，若是邀请了她却遭到拒绝，总有些丢面子，可若不邀请她，又担心失了礼数。一次，文华公司老板吴性栽举办宴会，庆祝电影杀青，也邀请了张爱玲。吴性栽已经做好了被张爱玲拒绝的心理准备，没想到张爱玲却盛装出席，并且在宴会上和大家相处得非常融洽。

那次聚会是在太湖上举办的，大家一同乘船游玩，还请渔家现场打捞鱼虾烹饪。一边欣赏太湖美景，一边品尝当地最地道的船菜，张爱玲玩得十分尽兴。聚会过程中，还发生了一段小小的插曲，就在大家乘船畅游的时候，另一艘船突然迎面驶来，吴性栽一下子就听出那艘船上有著名导演洪深的声音，便立刻叫人去请。洪深与吴性栽私交甚好，立刻从另一艘船上跳过来加入聚会。

张爱玲与洪深之间有一些小小的"过节儿"，因为洪深曾经批评过张爱玲的文章。不过，这次是张爱玲第一次与洪深见面，她始终保持着个人风度，没有表现出不满。一番交谈过后，张爱玲反而觉得洪深是个和气的人，同自己还有许多共同语言，那些曾经的不快便烟消云散了。

张爱玲不是一个冰冷的人。你只有走近她的身边,才能发现她伪装出的距离感不过是为了寻找一份安全感。可惜并不是所有人都有机会走近张爱玲,电影编剧的身份再一次将张爱玲推到了舆论的风口浪尖。有人通过阅读张爱玲的文章对她的才华表示赞美和肯定,也有人对她大肆谩骂,甚至进行人身攻击,说她是"敌伪时期的行尸走肉",抨击她的作品是"歇斯底里的绝叫",称《太太万岁》是一部低级趣味的作品。

幸运的是,张爱玲身边还有炎樱、苏青、柯灵、桑弧、龚之方等正直的朋友陪伴。她也不再像当年那样在乎外界的舆论,她学会了不慌不忙地生活、创作,于暴风骤雨中镇定自若地面对世间发生的一切。

有人见张爱玲不为所动,便造谣说桑弧与张爱玲有男女之情。因为一连合作两部电影,桑弧与张爱玲之间的来往的确频繁了些,但大多都是商讨电影剧本的事情,或研究一些新的拍摄手法。清者自清,这种谣言很快便不攻自破。

不过,也有人想借此机会为张爱玲和桑弧做媒,可两人只是一如既往地保持着朋友的关系。或许,对于张爱玲来说,一个胡兰成便已消耗掉她所有的热情,爱情有些令她恐惧,生怕再一次被爱情捉弄。友谊以上,恋人未满,未尝不是一种完美关系。

第六章

流言·生命是一袭华美的袍

① 孤独开出意外的花朵

动荡的岁月里,一个人只有习惯了独处,才能感知到生命的厚重。有时候,孤独不代表寂寞,而是在酝酿一股能量,静待时机,迸发万丈光芒。

知道自己为什么而活的人,便可以忍受任何一种生活,像花儿一样,不仅能向着阳光盛放,也能向黑暗的地底下扎根。

那一年,母亲黄逸梵突然回来。可张爱玲知道,母亲从来不是那个能拯救她的人。黄逸梵回来的那天,张爱玲和姑姑张茂渊一起到码头迎接。从船上走下来的黄逸梵,穿着一身黑衣,一副硕大的黑色墨镜也无法遮挡她的憔悴。张爱玲发现母亲的神情有些恍惚,步伐也不稳。黄逸梵好不容易走到张爱玲的身边,一双眼睛挡在墨镜后面,茫然地环顾了半晌,才终于将视线落在她脸上。

她们默默地凝望彼此,没有微笑,没有拥抱,甚至没有一句问好，仿佛在透过彼此悲切的神情，感知对方这些年的遭遇与痛楚。

　　黄逸梵带回来的行李很多，有几十个大箱子，里面大多是纯手工的皮件，件件都是黄逸梵喜欢的风格。当年，黄逸梵与美国男朋友一起去新加坡做皮货生意，可男朋友不幸在炮火中死去，她独自留在新加坡苦苦支撑，后来辗转去了印度，做了尼赫鲁姐姐的秘书。那些皮件便是当年没卖完剩下的。

　　说起这些旧时经历，黄逸梵的语调异常缓慢，仿佛一边讲述，一边在脑海中翻找那些旧日的画面。泪水不停地从黄逸梵的墨镜后面流出来，终于冲垮了张爱玲的心房，她张开双臂，向母亲敞开了怀抱，将黄逸梵拥在怀中。在爱情里，她们都是苦命的女人。母亲的男友死了，一腔爱意牵在一个永远都回不来的人身上；胡兰成虽然还活着，但张爱玲此生都不会让他再回到自己身边。

　　张爱玲和黄逸梵各自承受着自己的苦，理解着对方的痛。可惜，苦与痛都是自己的，谁也不能替代对方。

　　得知黄逸梵回来，张子静也特意从扬州赶了过来。张志沂家的状况越来越差，每搬一次家，房子便会比之前小一些。好在张子静没有继承父亲晚清遗少的做派，此时他已经有了一份银行里的工作，好歹算是自食其力。

　　张爱玲后来才知道，弟弟为了来看母亲，将自己所有的钱都给了父亲和继母,才得到外出的允许。张子静俨然已经成为父亲和继母的"提款机",而他们就是张子静此生都无法摆脱的沉重负担。

张子静的单纯善良让张爱玲心疼。他们之间虽然很少来往,但童年时共同经历过家庭的破裂,共同遭受过继母的苛待,血脉中相连的亲情与同命相怜的成长记忆永远都不会消失。张爱玲觉得弟弟比自己更可怜,至少她逃出来了,而张子静的根却扎在那个封建的家庭里面,被抓得死死的。

张子静也希望能和母亲、姐姐一同生活,至少在这里能让他感受到亲情的滋味。可惜,即便他愿意把根扎向别处,母亲的根却注定不属于这里。回国不到两年,黄逸梵再次出国,此生都没有再回来。

黄逸梵是个敏感的女人,她已从动荡的政治环境中察觉出中国即将迎来一场翻天覆地的变化。临行之前,她建议张爱玲去香港,回香港大学复读,暂时离开上海,等时局稳定了再回来。

分别在即,张爱玲依然沉默。她不习惯说道别的语言,仿佛只要不说,便算不上真正的分别。从小到大,她与母亲相处的日子实在有限,可有过总比没有好,属于她的母爱虽不真切,但也真实存在过。不像张子静,一辈子渴望母爱,却终究没能走进母亲的生活。

黄逸梵走后不久,解放军进入了上海滩。黑暗的日子终于一去不复返，上海的百姓迎来了解放的时刻。他们冲上街头，高举着毛主席的画像，用最热烈的姿态庆祝着新生活的到来。张爱玲没有加入庆祝的人群，她一个人默默地站在床边分享着别人的喜悦，这一次，她脸上的笑是从心底绽放的。

因为时局的巨大变化，张爱玲已经有一年多没有再写过一个字了。

民国政府后期，上海遭遇经济危机，物价飞涨，老百姓连基本的生活都很困难。即便张爱玲有文学作品，也找不到发表的地方。因为上海许多杂志社和报馆都关闭了，只有民国政府的几家政治性刊物还在继续出版，可这些刊物并不是张爱玲展现才华的媒介。不写字便意味着没有稿费，那是张爱玲唯一的生活来源。尤其是在给了胡兰成三十万法币之后，张爱玲连继续承担房租的能力都没有了。她和姑姑搬出了赫德路19号，换了一处便宜的住所。

能吃饱、穿暖，一度成为张爱玲最大的满足。直到上海解放后，时局渐渐稳定下来，一些蛰伏许久的作家们才重新开始提笔写文。

可张爱玲写惯了悲凉的小资情调作品，很少触碰底层百姓的生活，而此时多数文学作品都在关注底层百姓生活的艰辛，以及对社会和政治的现实批判。张爱玲擅长的作品风格，在许多人眼中是腐朽的象征。突然之间，张爱玲发现自己竟不会写作了，文学界的前景究竟如何，一时间她也看不透了。

直到1949年6月，剧作家夏衍从香港归来，担任上海军管会的文管会副主任。在上任的第一时间，夏衍就找到龚之方和唐大郎，与他们商量创办新小报事宜。当时上海所有的小报全部停刊，夏衍建议创办一些推行社会主义新风尚的小报。于是，龚之方和唐大郎创刊了《亦报》，原来的《世界晨报》也改组为《大报》。

上海报刊的风气正在被一点点纠正，许多知名学者和知名作家也纷纷在《亦报》和《大报》上发表文学作品，所有人都能感受到，上海的文学创作氛围已经越来越清澈，越来越积极向上。

以张爱玲在上海文坛的名气，自然成为《亦报》想要争取的作者人选。为此，龚之方和唐大郎亲自登门劝说，可张爱玲只想继续沉寂下去。在年少轻狂的岁月里，张爱玲也不曾直面他人的诋毁，更没用过激烈的言辞去辩驳。经历了岁月的沉淀，有了些许阅历之后，她的心态更加平和，明白自己无论多好，总有人不喜欢自己，既然明知道会遭受恶毒的言语，索性便不要主动去招惹吧。

然而龚之方和唐大郎的态度实在诚恳，让张爱玲不忍心一而再，再而三地拒绝，只得答应下来。不过，她也提出了一个条件，那就是不用张爱玲的名字发表文章，改用笔名"梁京"。

见识过人性的现实，张爱玲已渐渐学会平静地接受和面对许多事情。她选择淡然处之，避其锋芒，就这样在时光里慢慢感知人生百味，沉淀岁月的馨香。

张爱玲在《亦报》上的开篇之作就是《十八春》。在该小说还没有开始连载时，《亦报》就推出专栏广告，桑弧还用笔名"叔红"在连载的前一天写了一篇题为《推荐梁京的小说》的文章："仿佛觉得他是在变了，我觉得他仍保持原有的明艳的色调，同时，在思想感情上，他也显出比从前沉着而安稳，这是他的可喜的进步。"桑弧故意用了"他"字，隐去了《十八春》作者的性别。当读者得知这部小说是出自名家之手，即使不知这位名家是谁，也还是满怀期待。

《十八春》在《亦报》上整整连载了一年时间，之后又发行了单行本，也就是后来为人所熟知的《半生缘》。

《半生缘》的故事依然发生在张爱玲熟悉的上海和南京。在剧烈变革的大时代背景下，几个平凡人在乱世中一段又一段爱恨纠葛、缠绵悱恻的爱情故事在张爱玲笔下徐徐展开。她的笔调一如既往的悲凉，在故事的开篇便晕染了伤感的底色。

小说的男主人公沈世钧是大家族的少爷，女主角顾曼桢是小户人家的女儿，他们冲破了世俗门第观念，开始了一段轰轰烈烈的爱情。令读者震惊的是，最惨烈的悲剧，竟然是由顾曼桢的亲姐姐一手酿成的。

顾曼桢的姐姐顾曼璐为了不被花心的丈夫祝鸿才抛弃，亲手设下圈套,让自己的亲妹妹被自己的丈夫强奸了。迫不得已,顾曼桢嫁给了祝鸿才,绝望的沈世钧只得迎娶与自己门当户对的翠芝。

他们的爱情仿佛走上了岔路,整整十八个春天之后,才终于兜兜转转地再次交汇。曾经那些铭心刻骨的爱与恨,在经过时间的洗礼与岁月的沉淀之后,已不再有什么分量,就连沈世钧和顾曼桢两个人自己都说不清,他们之间是否还有爱存在。可若说没有,那牵扯着心口丝丝疼痛的情感又该叫作什么?或许就像张爱玲写的那样:"当他清楚了她是真心爱自己的,她也清楚了他对自己的赤诚,两人心里顷刻间涌出苍凉的满足感。"

在张爱玲笔下,最可怕的还是人性。故事中的每个人都从未得到过真正的快乐,爱情、亲情,离每个人都越来越远,像极了张爱玲的人生。即使人性再可怕,她也依然能用笔下的文字狠狠地嘲讽。

② 回不去的，不只是爱情

在短暂的人生里，留不住的是过往，留下的是回忆。总有那么一些人，洒脱到只在乎曾经拥有，看清人人皆是过客，于是从不刻意挽留，他来任他来，他去便任他去。张爱玲便是这样的人。几乎没有人认为张爱玲是热情的，她自己似乎也不这样认为。重回孤独之后，她更将目光放在生活的细微之处，从中寻找点滴的乐趣，用笔创造出一个又一个活生生的生命。他们的存在，是张爱玲寂静的生活里唯一的热闹。

孤独的人们，用张爱玲的文字抚慰心灵。她的文字是有重量的，落地有声，承载着欲望与温情。不得不承认，张爱玲的文学创作有一半的目的是赚钱；但也不可否认，她是一个用灵魂写作的人，有强烈的创作欲望。或许这便是她落笔于世俗，又高于世俗的原因。

自从《十八春》开始在《亦报》上连载，"梁京"这个名字就吸引了夏衍的关注。在此之前，夏衍从未读过张爱玲的文学作品，为此夏衍特意找到龚之方，向他打听"梁京"的背景。龚之方没有隐瞒，告诉夏衍"梁京"就是张爱玲。夏衍竟然很高兴，在他心目中，张爱玲是个不可多得的文学天才，甚至还将张爱玲从前的作品全部找来一一拜读。从她的文字里，夏衍发现她是一个有着独特见解的女子，她的思想与观察生活的视角，处处都令自己折服。

《十八春》很快就拥有了一大批忠实拥趸，许多读者熟悉张爱玲的写作风格，从字里行间便能嗅出张爱玲的写作气息。在喜欢张爱玲文字的读者心目中，张爱玲无异于大明星，许多读者纷纷写信表达自己对这部小说的喜爱。更有甚者，不知从哪里打听到张爱玲的住址，直接登门拜访。

张爱玲记得那是一个夏日的午后，《十八春》正在报纸上连载，她难得清闲，沏好一杯清茶，打算享受一个宁静的下午，一阵敲门声却突然打破了这份宁静。张爱玲放下茶杯，走过去开门，站在门口的是公寓的管理员，说有一位女子正在楼下等她，想见她一面。

除了几位经常来往的好友，张爱玲家里很少有客人登门。她有些诧异，平时自己连门都很少出，会有谁突然登门造访呢？疑惑之间，张爱玲已经走到楼下，远远地就看到一个年轻女子靠在楼门口。张爱玲没有贸然上前，停下脚步细细观察，她发现那是一个容貌清秀的女子，可不知为何，脸上却挂满泪痕，此刻还在不停地低声抽泣。

张爱玲轻轻走到女子身边，问道："是你找我吗？"那女子抬头看着张爱玲，却并不回答，依然不停地哭泣。虽然同为女子，张爱玲却不知道如何止住一个女子的眼泪。她从来不是一个善于安慰别人的人，看着那个哭泣的女子，张爱玲一时竟手足无措起来，走也不是，留也不是，只能尴尬地站在原地。两人面面相觑了半晌，张爱玲突然反应过来，让一个陌生女子站在自己家门口哭总不是办法，于是慌忙转身跑上楼，将姑姑张茂渊请了下来。

张茂渊显然比张爱玲有办法，先用极温柔的语调安慰着那个女子，让她渐渐止住了哭泣。张茂渊再柔声询问，那个女子才说出哭泣的原因。原来，她是小说《十八春》的读者，她本人与小说的女主人公顾曼桢有过相同的遭遇，便产生了想要见见小说作者的念头。她先是去了《亦报》编辑部，从那里打听到张爱玲的住址，便登门拜访了。

这世上从没有真正的感同身受，唯有受过相同的伤，才能理解那伤的痛。我们不得不承认，张爱玲是个文学创作方面的奇才。她虽没有经历过与顾曼桢相同的不幸遭遇，却能将人物描写得入木三分，饱含真情实感，也难怪《十八春》会成为张爱玲文学创作生涯的经典代表作，就连张爱玲自己都对这部小说格外偏爱。

在《十八春》连载的这段时间，张爱玲几乎足不出户，专心创作，看读者的来信就是张爱玲与外界最好的交流方式。许多读者认为张爱玲笔下的顾曼桢是个善良的女子，却偏偏遭遇了人生中最残忍的不幸，他们在信中拜托张爱玲，一定要让顾曼桢坚强地生活下去。

读者们的来信也是对张爱玲极大的鼓励，她欣慰依然有那么多人热衷于读自己的小说。但这种一边创作一边连载的方式，还是让张爱玲有些忐忑。自从当年《连环套》遭到"迅雨"的公开批评之后，张爱玲开始在意自己创作的小说在读者中的反响。对于她来说，那次客观的批评是自己的耻辱也是激励，她不容许自己再犯同样的错误。

不过，张爱玲还是不敢让读者知道《十八春》就是自己的小说，毕竟刚刚经历过众人的羞辱和谩骂，她还没有从惊吓中缓过劲儿来，不愿意再一次让自己成为众人视线的焦点。如果再被一些人翻旧账，张爱玲不知道自己还能不能平静面对。

然而，当有人得知"梁京"就是张爱玲时，还是别有用心地故意曲解了。他们说，"梁京"的谐音是"凉"与"惊"，认为这就是张爱玲对社会主义新中国的感受。张爱玲惊讶到无语，其实，"梁京"两个字就是"玲"的声母和韵母而已，根本没有他们曲解出来的那些寓意。张爱玲为此专门解释过，却还是无法阻止旁人针对这个笔名继续添油加醋地渲染。

见《十八春》的整体反响不错，《亦报》也有继续和张爱玲合作下一部小说的意向。不过，张爱玲这一次却打定了主意，再也不要一边创作一边连载，坚持要先写完整部小说，确定没有瑕疵和漏洞之后再进行连载。

张爱玲在《亦报》上连载的第二部小说就是《小艾》。这一次，张爱玲在小说中走出了自己熟悉的生活环境，将故事的主人公设定成一个出身于贫困家庭的女孩。这个名叫小艾的女孩被卖到富人家当丫鬟，惨遭富人家姥爷强暴、太太毒打，再被姨太太打流产，根本没有人在乎她的死活。无助的小艾离开了富人家，回到上海后与同样出身贫苦的金槐相遇。他们相爱了，却在婚后发现小艾因为流产再也不能怀孕，两人只得领养了一个女儿。新中国成立之后，小艾在医院治好了病，为金槐生了一个儿子，一家四口在社会主义新中国幸福地生活着。

这部小说似乎是张爱玲努力在向当时的文学思想靠拢，可是《小艾》连载之后，并没有收到和《十八春》一样的热烈反响。其实，张爱玲自己对这部小说也不是非常满意，只是希望自己能尽量融入文学创作的主流环境当中。可在文学的花园里，她本就是特立独行的一朵花，勉强改变自己，也变不成大多数花朵的样子，反而丢了自己原本的韵味。

在创作《小艾》的那段时间，张爱玲正处于对未来感到迷茫的时刻。因为生活入不敷出，她和姑姑先后搬了两次家，甚至曾经打算出国和母亲团聚。直到弟弟张子静问她对未来究竟有什么打算时，张爱玲才开始正式思考这个问题。

如果说有某个地方是让张爱玲想起便会快乐的，那这个地方一定就是香港。张爱玲在香港完成了从木讷到自信的蜕变，或许，余生可以在香港度过，也会是快乐的吧？

张爱玲也曾尝试着融入上海的生活。1950年，上海召开第一届文艺代表大会，时任上海市委常委、宣传部部长的夏衍亲自指示大会组委会给张爱玲发去邀请函。这是一场关于文学、美术、音乐、戏剧电影、翻译等行业的盛宴，有大约500人出席。张爱玲觉得自己能参与这样的大会本身就代表着一种荣耀。

可是，当她兴致勃勃地赶到会场后，立刻觉察到自己在这场大会中仿佛一个异类。所有参会者，无论男女，都统一穿着蓝灰色调的中山装，只有张爱玲一个人穿着一身旗袍，搭配一件白绒线衫，显得那样格格不入。

她默默地坐在最后一排，尽量不引起任何人注意。大会整整开了六天，张爱玲坚持穿着旗袍出席，或许那是她最后的倔强。

旗袍，是张爱玲自信的来源之一。她相信穿上旗袍的自己是美的，女人一旦连美都不敢追求了，那生活该是多么空洞乏味。这次大会之后，张爱玲再一次停止写作，她要冷静下来好好思考一下，未来究竟该何去何从。

香港，在张爱玲的回忆里占据了越来越多的篇幅。她意识到，自己真的想回到那里，那个她自信的发源地。后来，当唐大郎接受夏衍的指派来邀请张爱玲担任编剧的时候，张爱玲已经在奔赴香港的路上。就连姑姑张茂渊都不知道她在香港的住所，因为她们约好不再通信。

这一次，张爱玲没有坐船，而是坐上了从上海去往广州的火车，之后再从深圳进入香港。火车一路向南，阳光越来越炽烈，到了通关检查的时候，一个小插曲把张爱玲吓出了一身冷汗。在通关检查的窗口，一位女检察员接过张爱玲递过去的证件，一脸严肃地问她："梁京，你就是作家张爱玲？"张爱玲吓了一跳，突然被认出来的感觉让她莫名地有些忐忑，几乎是下意识地承认了。可是女检察员问过之后，便仿佛什么都没发生过一样把证件还给了张爱玲，对着后面的人说道："下一位。"

张爱玲也说不清紧张的理由，不过在忐忑之后突然有了一种放松下来的喜悦。那个她思念的香港就在前方，她不知道等待自己的是怎样的生活，可仅是回想记忆里的香港，就已经让她热切地期盼起来。

❸ 一念花开,一念花落

　　张爱玲在人生旅途上似乎总是独自一人,即便累了倦了,也无人扶助。在时间沧海中,她便是那一艘孤独前行的小舟,遥望着远方的灯塔,却永远无法抵达一处温暖的港湾。

　　香港,一个让张爱玲感觉熟悉又陌生的地方。香港大学是张爱玲第一个想回去的地方,记忆中的画面与眼前的现实场景一处处重叠,温暖又亲切。她尽量不去回忆当年香港在记忆中最后的模样,因为那回忆太过沉重。此刻,她只想用指尖轻拈那些轻飘飘的美好,暂时麻痹一下紧绷了太久的神经。

　　可人活着总要面对现实,香港是个现实的城市,没有钱,在这里寸步难行。在上海,稿酬是张爱玲唯一的收入。如今身在香港,张爱玲想要重操旧业并不容易,毕竟这里没有熟悉她的读者,更没有欣赏她的编辑。为了生存,张爱玲必须找到谋生的办法,好在她的英文功底不错,很快便在美国驻香港总领事馆新闻处找到一份翻译工作。

从一个自由支配时间的文学创作者，变身成为工作时间被严格规定的职业女性，张爱玲一时间难以适应。领事馆的工作忙碌而单调，这是张爱玲最不喜欢的生活方式。每一天，她都在重复着前一天的生活，觉得日子越来越枯燥，越来越无法忍受。

生活的无趣会打消思想中的浪漫，为了让自己保持对生活的热爱，张爱玲即便拿着微薄的薪水，也要让生活的细节精致起来。她还是保持着时尚的装扮，如同一朵骄傲的东方玫瑰，举手投足间都散发出迷人的韵味。

唯一让张爱玲感到欣慰的，是工作中依然可以和文学作品打交道。她先后翻译过很多文学作品，其中包括海明威的《老人与海》、华盛顿·欧文的《无头骑士》等。凭借出色的文学才华，张爱玲翻译的《老人与海》一经出版便成为中文译本的经典之作，她的工作能力也得到了充分肯定。

香港再一次激发出张爱玲的文学创作热情，也终于让她找到了施展才华的报刊载体。《今日世界》先后连载了她的《秧歌》和《赤地之恋》，使她慢慢地步入了生活的正轨。这朵从内地"移植"到香港的玫瑰，渐渐开始在香港的土壤里扎根。

通过美国驻香港总领事馆新闻处（后简称"美新处"）的工作，张爱玲结交了新朋友，其中就包括宋淇和邝文美夫妇。他们与张爱玲同在这里做翻译工作，相同的文学爱好让他们一见如故，结为毕生挚友。

张爱玲在香港期间，胡兰成的《山河岁月》出版了。一些记者从张爱玲身上嗅出八卦的味道，不知从哪里打听到张爱玲的住址，纷纷赶来采访张爱玲，询问她关于阅读《山河岁月》的感想。

有些伤疤看似已经不再疼痛，却永远无法愈合。胡兰成就是张爱玲心底的那道疤，她小心翼翼地遮掩着那道疤痕，却总有人想要揭开伤疤看一看是否还在流血。若那伤疤依然流血，他们也不会心疼，只会乐呵呵地冷眼旁观，指指点点地说些风凉话："这个女人太傻，还惦记着那个抛弃她的男人。"

记者的询问打开了张爱玲最不堪回首的一段记忆，她只感到紧张，头晕目眩，无法呼吸，几乎像逃跑一般，张爱玲躲回房间的角落，紧紧贴着墙壁，蜷缩在地板上。外面充斥着记者不死心的追问，这个世界什么时候变得这样吵？张爱玲清楚地感觉到心底的那道伤疤又开始流血，心又开始痛。

有些痛，终究是她不敢再继续面对的。在宋淇夫妇的帮助下，张爱玲搬到了他们隔壁居住，躲开了阴魂不散的记者，终于寻到一处静谧的角落，可以继续安心创作。宋淇夫妇给予张爱玲极大的尊重，还成了张爱玲的"经纪人"，帮她承担起稿件出版、版权管理以及稿费洽谈等事宜。

宋淇夫妇偶尔也会对张爱玲的小说提一些建议。尤其在张爱玲创作《色·戒》期间，他们特意提醒张爱玲一定要谨慎处理小说中的特务形象，因为在敏感时期，一不留神就会给她带来不好的影响。张爱玲尊重他们的建议，不敢掉以轻心。因为认真与谨慎，《色·戒》这部短短万字的小说，从构思到发表，她用了整整25年。

想要在香港生活下去并不容易，张爱玲在香港的居所几乎是家徒四壁，房间里除了一张床和茶几，再也没有别的家具。她把那张小茶几当办公桌，每天蹲在那里翻译稿子、撰写文章，可换来的稿费还是少得可怜。

好在与宋淇夫妇的友情让张爱玲的精神世界充实了起来。她是宋淇夫妇家里的常客，与邝文美更是无话不谈。有时邝文美也会来张爱玲家里聊天，两人总有说不完的话，可是只要到了晚上八点钟，张爱玲一定会催促邝文美回家陪宋淇，张爱玲还因此给邝文美起了个可爱的绰号——"八点钟灰姑娘"。

在宋淇的引见下，张爱玲结识了上海一线影星李丽华。那一年，李丽华来到香港，当得知张爱玲也在这里时，立刻拜托宋淇联络张爱玲，问她是否愿意为自己创作剧本。宋淇觉得这是张爱玲施展才华的机会，便极力地劝说她。于是，张爱玲答应与李丽华见面。李丽华为此非常高兴，还特地精心打扮了一番，早早地赶到宋淇家，可住在宋淇隔壁的张爱玲却迟到了。为此，张爱玲连连向李丽华道歉，一开始两人交谈的气氛非常融洽，可是张爱玲无法认同李丽华对剧本的想法，只聊了一会儿便起身告辞了。

或许是因为婉拒了李丽华，张爱玲便只得用夸奖李丽华"香艳得像一朵很立体的花儿"作为弥补。遭到张爱玲的拒绝，李丽华的确有些失望，然而她心目中的张爱玲是个性很强、要求很高的人。别人口中的张爱玲是骄傲的，李丽华却不这样认为。她觉得张爱玲活得真实，不矫揉造作，有自己的思想，尤其是对待工作的严谨态度更是让她敬佩。

其实，张爱玲拒绝给李丽华写剧本的另外一个原因，是她已经有了出国的打算。在美新处，张爱玲并不是正式员工，可有才华的人是会发光的，张爱玲出色的工作能力还是引起了一些同事的关注。当得知张爱玲曾是在上海红极一时的女作家时，他们对张爱玲更感兴趣了，开始主动与她交谈。不过，张爱玲很少提自己过去的事情，觉得名气都是虚无的过往，活在过去的荣耀里会让人看不清前方。

越是闭口不谈，别人对张爱玲的过去越是好奇，甚至有人想方设法去了解与张爱玲有关的八卦消息。当得知张爱玲与潘柳黛有些小隔阂，还有人专程来问她，她们两个人之间究竟有什么误会。张爱玲回答得言简意赅："潘柳黛是谁，我不认识她。"

其实，潘柳黛也来了香港，在最近发表的文章里还提到过张爱玲过去的一些逸事。张爱玲对此是有些不满的，她只想埋头过自己的生活，不愿再陷入过去的是非纠葛里。

从上海到香港，张爱玲始终都没能拥有一处属于自己的房子。香港的楼房很多，却没有一个能让张爱玲称之为"家"的地方。渐渐地，香港的繁华让张爱玲感觉烦躁，她最喜欢到山上去，感受山里的静谧，站在山顶远远眺望香港的一簇簇楼群，看风平浪静的维多利亚湾，让内心安静下来。

不过，张爱玲想要离开香港的念头越来越强烈，想去美国，只是苦于找不到机会。突然，她想起身在美国的胡适，或许他能为自己提供一些帮助。于是，张爱玲给胡适写了一封信，并附寄了自己的小说手稿。她在信中说："请原谅我这样冒昧地写信来。很久以前我就读到您写的《醒世姻缘传》与《海上花》的考证，印象非常深，后来找了这两部小说来看。这些年来，前后不知看了多少遍，自己以为得到不少益处。我希望您肯看一遍……假使您认为稍稍有一点接近'平淡而近自然'的境界，那我就太高兴了。这本书我还写了一个英文本，大概还有几个月出版，等印出了我再寄来请您指正。"

读过张爱玲的信和小说手稿，胡适很快回信了，他说自己一口气把张爱玲的小说手稿读了两遍，觉得她的确已经做到了"平淡而近自然"的境界。在信的末尾，胡适还附加了一些自己对于小说的看法。

这让张爱玲无比惊喜，立刻提笔写回信："收到您的信，真高兴到极点，实在是非常大的荣幸。……您指出76页叙沙明往事那一段可删,确是应当删,那整个的一章是勉强添补出来的。……160页谭大娘自称八十一岁,205页又说她六十八岁,那是因为她向士兵哀告的时候信口胡说,自称八十一岁,也就像叫花子总是说'家里有八十岁老娘'一样……

"(《海上花》和《醒世姻缘传》)里面对白的语气非常难译,但是也并不是绝对不能译的。我本来不想在这里提起的,因为您或者会担忧,觉得我把事情看得太容易了,会糟蹋了原著。但是我不过是有这样一个愿望,眼前我还是想多写一点东西。如果有一天我真打算实行的话,一定会先译半回寄了来,让您看行不行。"

1953年,美国颁布了《难民救济法》,允许学有专长的人士到美国申请永久居留权。这是张爱玲去美国的一个机会。1955年,张爱玲获得了去美国的签证,她终于可以前往那个期盼已久的国度。不过,在张爱玲的证件上面,身份一栏并没有标明她是一位中国知名作家,只填写了两个字——"难民"。

④ 世俗里的清高

张爱玲有一种别样的魅力，孤独地生活在世俗与繁华之中，依然能保持冷静。许多人透过她便能看到自己的人生。

1955年秋天，张爱玲的人生进入了另一个段落。35岁的张爱玲，再一次与美丽的维多利亚港道别，她穿着一套华美的旗袍，最后一次深情凝望身后那座繁华的城。当年那个青涩的少女，与如今这个充满成熟韵味的身影刹那交叠，她笑了，也哭了。每一次开始新的旅程，便是与曾经的自己作别，张爱玲轻轻闭上眼睛，等待最后一滴泪水从脸上滑落，然后笑着转身，向前来送行的宋淇和邝文美挥手作别。

阳光从背后投射下来，张爱玲纤瘦高挑的身影落在轮船的甲板上。轮船离码头越来越远，直到再也望不见香港的轮廓，她才任由眼泪放纵地流下来。

张爱玲深爱的香港，终究没能成为她的归宿。对香港来说，她不过是个匆匆过客,唯有那些留在文字里的点滴记忆,是她来过的证明。

从上海到香港,再到美国纽约,张爱玲永远是那个生活在大都市的渺小个体。在美国,她的身份是难民,寄宿在救世军办的女子宿舍——一处难民救济所。住在难民救济所里面的不是流浪汉就是酒鬼,还有一些无家可归的老人。张爱玲出身官宦世家,不习惯这里的一切,有些怀疑自己为什么执意要来到这个陌生的国度。

她用了整整一个星期的时间适应美国的生活,之后便立刻在炎樱的陪伴下去拜访胡适先生。来到胡适先生居住的那座港式建筑前面,张爱玲才终于放松了下来。世人总说生活在别处,可哪怕行遍万水千山,也想在陌生的地方寻找一种熟悉的感觉。

其实,此时的胡适正经历人生中最落魄的时刻。他一身才华,却没有太多积蓄,在美国因为雇不起佣人,连家务活都要自己干。

在陌生的国度找到熟悉的乡音,张爱玲觉得此刻的自己并不孤独。孤独,是张爱玲穷其一生都想摆脱的感受。从胡适的身上,张爱玲仿佛找到了久违的父爱,她崇敬胡适,也爱胡适夫人的温暖和蔼。胡适夫妇是安徽人,他们讲话的口音与一手带大张爱玲的何干一样。只是初见,张爱玲便把他们当成了亲人。

在胡适家里,张爱玲总有一种恍惚的感觉,仿佛并未走出国门。一杯清茶在中式风格的书房里缭绕出古朴的韵味，张爱玲只是坐在这里，便足以让自己的心踏实下来。

张爱玲不善言辞，只是静静地笑着，大多数时间里都是听着炎樱在滔滔不绝地用蹩脚的中文和胡适交流，听胡适讲述他的家族往事。原来，张、胡两家在祖辈就已有交往。张爱玲的祖父张佩纶曾经提拔过胡适的祖父胡传，这层渊源让张爱玲与胡适夫妇的关系更加亲密。虽然胡适在美国并没有太大名气，给不了张爱玲太多物质上的帮助，但给了张爱玲很大的精神抚慰。

与胡适的交谈，重新唤醒了张爱玲对文学的兴趣。胡适建议张爱玲去哥伦比亚图书馆借书，说那里的书种类很全。孤独无助的时候，把自己埋在书海里，从文字里汲取活下去的力量，这正是张爱玲最需要的。

炎樱的陪伴也是抚慰张爱玲的一剂良药。开朗的炎樱在美国交到很多朋友，感恩节那天，她邀请张爱玲一起去一个美国朋友家里参加宴会。宴会上有许多客人，他们热烈地庆祝着这个对美国人来说非常重要的节日。然而，美食、美酒、热情的人，也没能化解张爱玲的寂寞。她能说一口流利的英语，与美国人交流没有问题，可一旦想起曾经属于她的一切已经全部留在遥远的故乡，就难免有一些伤心。

繁华的纽约没有向张爱玲敞开热情的怀抱，这里没有人赏识她的才华，无法让她出版文学作品。宴会上，张爱玲默默喝了很多酒。宴会结束后,夜幕降临,她和炎樱静静走在回家的路上,清冷的夜风激发起酒劲,使刚刚喝下去的酒在胃里翻涌着。没走几步,张爱玲便吐得昏天暗地。

回到难民救济所,张爱玲从镜子里看到自己因为剧烈呕吐而苍白的脸,没有哭,反而苦涩地笑了笑。就在此时,胡适打来电话,想请她吃中餐。由于刚刚呕吐过,此时张爱玲全身无力,于是婉拒了胡适的好意。

仿佛在电话里听出了张爱玲的不适,过了几天,胡适便来到张爱玲的住所探望她。胡适的突然出现让张爱玲感觉有些窘迫。她向来是个生活精致的女子,此刻却住在这样一个糟糕的环境里,尴尬得手足无措。胡适却毫不介意地坐了下来。他环顾四周之后,笑着对张爱玲说,这个地方不错。

那一天,他们聊了很久。在胡适离开时,张爱玲送他到大门口,两个人顶着冷风站在台阶上还说了会儿话。胡适的眼睛里总是带着温暖人心的笑意,仿佛从未经历过人生的窘境。那一次,是张爱玲与胡适最后一次见面,此后他们天各一方,再未谋面。

转眼间,张爱玲来到纽约已经整整两个月,可依然找不到任何施展才华的机会。无奈之下,张爱玲向爱德华·麦克道威尔基金会写去一封求助信,希望能得到一个栖身之所。

很快,张爱玲便从回信中得到一个好消息:文艺营同意她搬过去住。文艺营是由爱德华·麦克道威尔的遗孀玛琳·麦克道威尔创立的，专门为有才华的文学家和艺术家提供安心创作的居住环境。

此刻，张爱玲仿佛一只落单的孤雁，终于找到了自己的族群。她站在文艺营美丽的庄园别墅门口，很激动，却不快乐。从什么时候开始，她需要别人收留自己了？她一直以为自己的肩膀虽然瘦弱，却足以扛起自己人生的重量，可无情的现实一次又一次狠狠地压下来，成为她无法承受的生命之重。

原来，生活比想象的更现实。身在异乡，一个人只有手里有足够的金钱，才能享受到生命的快乐。

不过，文艺营里的艺术氛围是让张爱玲感觉舒适的。她终于不用再和流浪汉、酒鬼挤在一处，而是与很多艺术家生活在一起。平时，他们各自搞创作，到了吃饭时间则会聚在一起探讨各自对艺术的看法。

大部分时间里，张爱玲都是充当一个安静的聆听者，听别人朗读诗歌或文章，看别人表演新排练的戏剧，日子变得轻松而又愉快起来。当心态渐渐平和时，张爱玲终于决定出版自己的第二本英文小说——《粉泪》。

一日，纽约下雪了，正埋头创作的张爱玲觉得有些冷，打算去客厅里喝杯咖啡取暖。那日的客厅格外热闹，有人在大声地讲着笑话，一群人围在那个人旁边饶有兴味地听着。张爱玲也走了过去,当目光落在被众人围在中心的那个人身上时,一下便被吸引住了。

那个人年长一些,头发已经白了,他正在讲关于好莱坞的笑话。听着旁边的人发出一阵阵的笑声,张爱玲也不知不觉嘴角上扬了起来。突然,那个人转过身来看了张爱玲一眼,一句话便猝不及防地涌上张爱玲的心头:"这张脸好像写得很好的第一章,使人想看下去。"

只一眼,便结了半生的缘。这个人后来成为张爱玲的第二任丈夫,他就是赖雅。

文学才华横溢的赖雅,生性奔放自由。他年轻时结过一次婚,却因为忍受不了婚姻的束缚离了婚。他和张爱玲一样,从小在优渥的环境中生活,一直读名校,生活品位不俗,还曾经是好莱坞最受欢迎的剧作家,过了十几年辉煌的日子。然而,身为一名理想主义者,赖雅对金钱没有任何概念,也从没有积蓄。直到万贯家财散尽,他也人过中年,从身体到创作热情都开始走下坡路,才不得已来到文艺营。

见到张爱玲的第一眼,赖雅就闻到一股清新的味道,觉得她是那样与众不同,一双漆黑的瞳孔写满了忧郁,让人难忘。赖雅主动上前,向这个来自东方的优雅女子介绍自己。缘分,从此时开启。

第七章

新生·山河岁月,锦瑟流年

① 时光旁白

当代诗人汪国真说:"凡是遥远的地方,对我们都有一种诱惑,不是诱惑于美丽,就是诱惑于传说,即使远方的风景并不尽如人意,我们也无需在乎,因为这实在是一个迷人的错……"

这一段在异国开始的缘,也是张爱玲生命中一段美丽的故事。两道目光交汇在一起的那一刻,爱的火花交织出一道朦胧的屏障,将人群阻隔开来。此刻,他们视线所及之处,仿佛只剩下了彼此。

通过交谈,张爱玲发现赖雅是个兴趣广泛、知识渊博的人。他们有许多共同的爱好,经常从文学聊到电影,再聊到旅游,偶尔还会聊一聊张爱玲从不感兴趣的政治,任何话题都难不住赖雅。张爱玲也会给赖雅读自己的小说,他竟能读懂她隐藏在文字中的悲凉与落寞。

有时候看着赖雅滔滔不绝讲述人生经历的样子,张爱玲偶尔感觉有些恍惚，眼前会浮现出胡兰成的身影。赖雅和胡兰成有太多相似之处，他们都是比张爱玲人生阅历更丰富的人，胡兰成大张爱玲14岁，赖雅则大张爱玲29岁。

相处得久了，张爱玲发现赖雅和胡兰成是截然不同的人。赖雅才华横溢，却从不自私，很善良，总能给人带来欢乐，也很浪漫，骨子里有着与年龄不符的天真。张爱玲被赖雅吸引着，好像终于找到了恋爱的感觉。

对于张爱玲来说，赖雅既是爱人，又像师长。他给了张爱玲许多文学创作方面的帮助。来自东西方国度的两种思想总能碰撞出崭新的灵感，张爱玲在《粉泪》中描写的那些充满异国情调的画面，都是赖雅赋予的。透过《粉泪》，张爱玲仿佛看到了自己在美国重整旗鼓，事业充满无限可能性的未来。

在爱情的滋养下，张爱玲的小说创作越来越顺利。好的爱情是平等的，没必要让自己仰视谁，更无须自惭形秽。在赖雅面前，张爱玲无须卑微到尘埃里，她的才华与情感被赖雅小心呵护着。二人精神上的高度契合，已经超越了物质上的贫乏。

唯一的不足，是赖雅的年龄实在大张爱玲太多。在风华正茂的年纪，爱上一个已进入迟暮之年的人，张爱玲生怕时间过得太快，还来不及好好享受赖雅给予的温情，便要眼睁睁看着他的生命凋零。

于是，她越发珍惜和赖雅在一起的时间。他们一起去看山谷中的飞雪，一起听松树与云雀在枝头热闹地蹦跳、欢唱，看着彼此口中呼出的哈气也能傻傻地笑上半天。

张爱玲没有想到，她还没有来得及同赖雅一起变老，便要与他分离了。原来，赖雅在麦克道威尔文艺营的期限就要到了，他已经获得了去纽约北部的耶多文化营的机会，三天后就要离开。

赖雅向张爱玲道别时，眼中明显盛满了分别的痛，他说，若是自己还年轻，一定不会错过她，可惜，他老了。张爱玲一阵心酸，好不容易等来了一场美好的相遇，竟然这么快就要再次分离。太多人从她生命中来来去去，她再也不想经历又一次失去，这次，她要抓住眼前的幸福。

到了分别的那一日，依依惜别，却不得不告别，张爱玲将赖雅送到火车站，又在他的行李中塞了一些钱。

送走了赖雅，张爱玲在麦克道威尔文艺营的居住期限也快到了，不过比赖雅幸运一些。文艺营的朋友罗丝在纽约有一处空闲的公寓，让张爱玲去那里暂住一阵。就在这个时候，张爱玲惊讶地发现，她好像怀孕了。

她立刻写信把怀孕的事情告诉赖雅。赖雅虽然很吃惊，但还是决定写信向张爱玲求婚。可张爱玲还没有等到赖雅的回信，便迫不及待地给赖雅打了电话，赖雅在电话中的语气非常坚定："到我这里来，到萨拉托卡泉镇来。"

张爱玲如约而至，见赖雅已在车站等候。在一家餐馆里，赖雅郑重地向张爱玲求婚，但他不希望张爱玲生下这个孩子。亲手结束自己孩子的生命，对于任何一个女人来说都是痛苦的。或许赖雅也是在为张爱玲打算，毕竟他年纪大了，身体越来越差，可能根本无法跟张爱玲一起看着孩子长大。若他在孩子年幼的时候便离开这个世界，那这个孩子很可能会成为张爱玲沉重的负担。

赖雅的身体状况的确大不如前。没过多久，赖雅中风复发，病情一直反反复复，整整拖了一年时间才渐渐好转。张爱玲一边照顾赖雅，一边忙着搞文学创作。在张爱玲的照顾下，赖雅的身体恢复得很好。

1956年，张爱玲的英文短篇小说《五四遗事》在美国发表了，之后又翻译成中文发表在台北的《文学杂志》上。

哥伦比亚公司也同意将张爱玲的一部小说改编成剧本，拍成电视剧。只可惜，张爱玲看过电视剧后才发现自己的小说被修改得面目全非，为此郁闷了很久。

后来，张爱玲接到出版社的通知，她的《粉泪》无法出版了。张爱玲承受不住这次打击，大病了一场。几个月后，张爱玲又得知母亲病重，需要做手术。而黄逸梵当时身在伦敦，张爱玲此时却拿不出买一张机票的钱，心急如焚，却无能为力，只能寄去一百美元的支票，让母亲安心治病。可惜，张爱玲还没来得及和母亲见最后一面，母亲便病逝了。黄逸梵留给张爱玲一只箱子，里面装着她的遗物。在箱子里面，有一张张爱玲的照片，张爱玲看着那张照片，泣不成声。

母亲，一个亲切而遥远的称呼。张爱玲一生没有太多呼唤母亲的机会，总是一次又一次送母亲远行，却未能与母亲做最后的告别。

张爱玲的生活再一次走入低谷，不过这一次她绝不容许自己就此沉沦。她和赖雅搬到新罕布什尔州的彼得堡住下来。在这座静谧的小城，张爱玲过上了宁静的生活。很快，幸运降临了，她和赖雅双双获得亨亭顿·哈特福基金会的资助，可以一同前往洛杉矶。

与彼得堡相比，洛杉矶是热闹的大都市，是张爱玲喜欢的环境，也是赖雅熟悉的地方。可惜，这里并没有让她停留太久。很快，居住期限到了，她和赖雅商量后决定搬去旧金山。

张爱玲的文学事业还是没有发展，幸好在宋淇的帮助下，她创作了几个电影剧本，同时接了一些翻译工作，生活还不至于窘迫。

在旧金山，张爱玲终于拿到了美国绿卡，有了在这片土地上长久居住的资格。她高兴地和赖雅去餐馆庆祝，大吃一顿，还特意在两人的小公寓里插上一束鲜花，鲜明的色调让这个小小的蜗居一下子亮堂起来，也仿佛让生活有了盼头。

不过，张爱玲并不满足于只写剧本和翻译工作，她还是想创作小说。为了积累小说素材，张爱玲还特意在结婚纪念日那一天缠着赖雅陪她去看脱衣舞。挤在一群男人中间，张爱玲看得津津有味。那样的画面看似有些怪异，但似乎只有这样去现实生活中取材，才能让她在小说里融入更多的真情实感。

可惜的是，张爱玲把写好的小说寄往纽约的出版社，却如石沉大海，再无回音。张爱玲觉得美国似乎并非自己的福地，在一次又一次遭到出版社的拒绝之后，她强烈地渴望回到香港，或许那里才有她的出路。

然而赖雅却不愿意离开旧金山，他年纪越来越大，渴望安稳闲适的生活，并且隐隐担心张爱玲走了便不会再回来。张爱玲打定主意要做的事，不会轻易改变。赖雅了解她的个性，虽然不舍，但还是同意了。张爱玲离开后，赖雅便搬去女儿家附近的一间公寓住下来，也算是解了张爱玲的后顾之忧。

在美国整整六年，张爱玲每一步都走得很艰辛，她的文学事业在这里没有丝毫起色，甚至一度迷失了方向。这样看来，她的文字不适合美国的读者，只有祖国的土壤才能让她的文字开花结果。此刻，张爱玲正在构思英文传记小说《少帅》，她想先去台湾拜访张学良，然后再回香港。

终于到了和美国挥手告别的时刻，看着赖雅依依不舍的神情，张爱玲无比哀伤。站在面前的这个男人，确实给过他温暖和依靠，而即将奔赴的远方，才能给她温暖的拥抱。

② 地球的另一端

飞机张开双翼,在跑道上疾驰了片刻便飞向了天空。张爱玲的一颗心也飞回了中国,尽管她此刻已定居美国,可她的心依然眷恋着中国的土地。

台湾是张爱玲回国的第一站。这是她第一次去台湾,却莫名地对这里感到很亲切。是啊,在这里,她不用说不属于自己的语言,不会有黄头发蓝眼睛的人对她投来异样的目光。他乡永远不是故乡,地球另一端的美国无论多繁华,都依然无处安放她的灵魂。虽然台湾不是上海,可在这里,她能闻到一种熟悉的气息,那是祖国的气息。

张爱玲是在美国新闻处处长麦卡锡的帮助下来到台湾的。麦卡锡是张爱玲在香港工作时的上司,在台北阳明山公园附近有一幢大别墅。张爱玲一到台湾,就被麦卡锡接到这个富人聚居地。张爱玲已经不记得自己有多久没有感受过富人的生活了,初到美国时，她的身份是难民，如今再次身处香车与豪宅云集之处，恍如隔世。

富人们的生活再一次激发了张爱玲的斗志。她穷极一生想要追求这样的生活，却不知为何总是阴差阳错地离目标越来越远。

麦卡锡在国际戏院对面的大东圆酒楼为张爱玲接风，宴席上坐满了文坛名宿，他们都读过张爱玲的小说，很喜欢她的文字风格，张爱玲也对他们仰慕已久。在台湾，张爱玲像一个兴致勃勃的游客，有很多地方想去，有很多人想要拜会。

在王祯的陪伴下，张爱玲前往花莲。那时的花莲还是个小县城，一身时髦装束的张爱玲在这里收获了各种各样的眼光，有鄙夷，也有羡慕。王祯的母亲看到张爱玲每天早晨起床后和晚上临睡前，都要从包里拿出各种各样的瓶瓶罐罐，把里面的东西涂抹在脸上，觉得这个女人活得好麻烦。

在小县城里生活了一辈子的女人们，理解不了张爱玲的精致，但这丝毫没有破坏张爱玲游逛的雅兴。她迎着人们异样的目光，在花莲的街道和小巷里闲逛，贪婪地感受着当地原汁原味的风土人情。

可是，命运对张爱玲从不宽容，仿佛看不得她高兴的模样，迫不及待地让短暂的快乐戛然而止——赖雅又一次中风了。

生活的美好对于张爱玲来说都是假象，赖雅生病的消息再一次将她拉回现实。她还是一个落魄潦倒的灰姑娘，在现实中，她不得不脱下美丽的舞裙和水晶鞋，绞尽脑汁地思考怎样才能生活下去。

虽然赖雅如今住在女儿家附近，可病重的他还是需要有人在身边照顾。结婚后，张爱玲便充当起照顾赖雅的角色，现在她不在美国，赖雅该怎么办？

接到赖雅病重的消息时，张爱玲还在花莲，此刻，她必须连夜赶回台北，向麦卡锡打听赖雅的状况。原来，赖雅病倒在去往华盛顿的途中，此时正在华盛顿附近的医院里治疗。赖雅的女儿打电话给麦卡锡，麦卡锡又在第一时间通知了张爱玲。

张爱玲再一次陷入两难中，身在美国的赖雅需要自己，可如果现在就回去，她又能为赖雅做什么？出钱给他治病吗？张爱玲摸摸自己瘪瘪的口袋，里面的钞票最多只够买一张飞回美国的机票。她负担不起昂贵的医疗费，更不用提赖雅出院之后还需要长期的康复治疗费用。

思索许久，张爱玲作出理智的决定：她必须留在中国，到香港去。在那里有许多写剧本的机会，她现在必须暂时放弃自己的文学梦，放弃对赖雅的惦记，努力赚钱，才能让赖雅在美国好好治病。

或许，有人觉得张爱玲理智得几近冷酷，可只有当残酷的现实摆在面前，世人才能了解做出理智的选择是一件多难的事情。得失不论，毁誉由人，至少张爱玲做到了无愧于心。

既然做了决定,张爱玲便不再耽搁,立刻赶往香港。生活仿佛又回到了六年前,就连居住的环境都没有丝毫改善。她蜗居在一间小小的公寓里,在宋淇的帮助下接到了撰写《红楼梦》电影剧本的工作。

　　《红楼梦》一直是张爱玲心底的白月光,此刻却要硬生生将它拉到凡尘俗世,沦为赚钱的工具,这就是现实生活的残忍。

　　在剧本完成之前,张爱玲是拿不到一分钱的。为了尽快拿到稿酬,她不得不日夜不停地工作。除了必要的生活支出,她舍不得花一分钱。节衣缩食的生活,最能考验一个人的坚韧,张爱玲扛下来了。那一年的圣诞节,她咬牙为自己买了一件礼物——一双打折的拖鞋。在此之前,她甚至连一双拖鞋都没有。

　　累,是张爱玲此时唯一的感受。活下去已经如此不易,还谈什么生活?可是她有抱怨的权利吗?她来不及思考这个问题,此刻她大脑里只想着一件事,拼命工作,尽快赚钱,给赖雅治病,其他事情她都无暇顾及。

　　一个从小就有佣人照顾的贵族小姐,在香港却正为明天的饭钱和房租担忧。张爱玲再也顾不上生活细节的精致,甚至顾不上自己的健康。因为连夜写剧本,她的眼睛开始渗出血水,无论看什么,都蒙上一层红色的光晕。张爱玲不禁苦笑,原来想要见到浪漫的幻境,是要付出血的代价的。

　　张爱玲用最快的速度完成了电影《红楼梦》上下集剧本的创

作,可是电影公司的老板们需要时间阅稿、讨论,不能立即支付稿酬。幸好在等待的日子里,宋淇又帮张爱玲接到了另一个创作剧本的工作,这部剧本的稿酬足够张爱玲和赖雅在美国四个月的生活费。

在创作剧本的同时,张爱玲也在关注赖雅的病情。因为治疗及时,赖雅的病情得到了控制,这个消息让张爱玲能够安心创作。她写信告诉赖雅,自己还要在香港多留一段时间。或许因为病痛的折磨让赖雅的情绪无法稳定,又或许因为对张爱玲太过思念,赖雅在回信里指责了张爱玲,又频频写信催她尽快回美国。张爱玲痛苦万分,她理解生病的人情感会变得脆弱,可谁又能理解她此刻的不易,独自在香港扛起生活重担的她又何尝不需要人安慰?

张爱玲第二次将自己形容为一只"狗"。她第一次这样贬低自己的时候,还和胡兰成在一起,那时的她和现在一样孤独——寒冷的天气里,她裹着厚厚的皮袄,守着一个即将熄灭的火盆,冰冷的空气直钻入骨子里,冻得她连手都不敢从衣兜里拿出来。她觉得自己就像一条孤单的狗,虽然有丈夫,却化解不了孤独。当第二次把自己比作"狗"的时候,张爱玲觉得,自己此刻的处境竟然比当年更加凄惨。

在香港辛辛苦苦工作了五个月,张爱玲一分钱都没有拿到。这段时间宋淇的工作也格外忙,好不容易处理完手头的工作,才去探望张爱玲，却不知道她已经到了山穷水尽的地步。可是，宋淇不得不告诉张爱玲一个不好的消息，电影公司对张爱玲创作的《红楼梦》剧本并不满意，并且似乎有了换编剧的打算。

张爱玲觉得没有一件事情能比自己的工作能力遭到质疑更难堪，可如今，她要在难堪之上更加难堪，因为她不得不向宋淇借钱。手心向上的滋味该有多心酸，张爱玲早年就深刻地体会过。当年，就连向亲生父亲讨要学钢琴的学费都那般艰难，更何况如今是向朋友伸手借钱。

像张爱玲这样骄傲的女子，因为生活所迫而滚入现实的泥塘中，她觉得此刻连呼吸都是冰冷的。苍凉的空气钻入身体里，如同一把冰冷的尖刀，扎得她心口疼。

有谁能体谅她此时入骨的屈辱与无助？张爱玲只得小心翼翼地试图从赖雅那里寻求一点点温暖的安慰。她写信向赖雅倾诉自己糟糕的处境：向宋家借钱，让自己和宋淇夫妇的友情发生了微妙的变化，宋淇甚至以为自己是因为拿不到稿酬，才用借钱的行为表达不满。

可宋淇并不知道，张爱玲此时几乎已经身无分文，如果再拿不到钱，不仅无法回美国，甚至可能要流落街头。

敏感的张爱玲能感觉出宋家人对自己的态度明显冰冷了起来。宋淇确实对张爱玲有些不满，觉得她是因为太想尽快拿到钱，只顾着赶时间，所以没有认真雕琢剧本。他告诉张爱玲，在她离开之前，会把最后一部剧本的稿酬付给她。这话的意思很明显，《红楼梦》剧本的稿酬，张爱玲是拿不到了。张爱玲主动提出回美国后会好好修改《红楼梦》的剧本，可宋淇没有任何回复。

张爱玲不明白，为什么每次离开香港，自己都带着满心的疲惫与失望。1962年，张爱玲再一次离开香港。这是她最后一次与中国的土地作别，从此之后，她再也没有回过中国。

③ 因为爱过,所以慈悲

究竟是因为懂得所以爱,还是因为爱所以懂得?又或者,爱与懂得并不互相关联,只是因为许诺了要爱到地老天荒,所以便要不离不弃。

于赖雅而言,张爱玲是他余下不多的人生里唯一的幸福。躺在病床上的他,终于看到他的爱人朝他一步一步走来,爱人的脸上带着担忧与憔悴。张爱玲还是那样不慌不忙的样子,努力想要挤出一个微笑,但眼泪还是不受控制地顺着眼角逐渐汹涌。她小跑了几步,在即将靠近赖雅时张开双臂,将他拥入怀中,无声地抽泣着,微微地颤抖着。她有一肚子的委屈和思念想要倾诉,又怕赖雅虚弱的身体承受不起太沉重的话题,最终还是选择独自承受。

张爱玲知道赖雅需要她,在赖雅同她紧紧地拥抱的那一刻,她才发现自己竟然如此需要赖雅。患难与共时的拥抱,远胜千万句海誓山盟。赖雅一遍又一遍地在张爱玲耳边喃喃自语:"真好,爱玲在这里。真好,爱玲在这里。"张爱玲将赖雅抱得更紧,在心里默默发誓,再也不离开他了。

她和赖雅就是彼此的家,只要两个人在一起,家就完整了。张爱玲成为继母之后,发誓不会用继母当年对待自己的方式来对待赖雅的女儿。这次去香港,她还专程给赖雅的女儿霏丝带了礼物。那天,张爱玲和赖雅一同去霏丝家,亲手把礼物交到霏丝手上。张爱玲学不会刻意卖弄,但她看向霏丝的目光是有爱的。那是一个温馨的夜晚,张爱玲仿佛为这个家带来了春天。他们聊着,笑着。这就是张爱玲最想要的幸福,简简单单,有爱人的陪伴,有一个温暖的小窝,仅此而已。

在华盛顿,张爱玲和赖雅住在黑人区的肯德基公寓,那是政府提供的廉价住房。张爱玲必须没日没夜地工作,才能支付得起房租和生活的其他开销。

自从张爱玲回来,赖雅便处处表现出对张爱玲的依赖。他再也不能忍受与张爱玲分别,哪怕张爱玲离开一会儿,赖雅都会表现出明显的不安。一次,张爱玲外出购物,出去久了些。赖雅急得到处打电话寻人,甚至还报了警。如果不是张爱玲回来得及时,警察可能要在大街小巷寻人了。

张爱玲并不觉得赖雅对自己的依赖是种烦恼,相反,她愿意把赖雅当成一个孩子来呵护。他们经常一起去图书馆看书。张爱玲正在构思《少帅》，在图书馆里查阅许多她需要的资料。赖雅坐在旁边的座位上，静静地看书，默默地陪伴。

上一次中风复发对赖雅的身体造成了极大伤害，他的健康状况越来越差。渐渐地，他就连走路到图书馆去都非常吃力了。为了让赖雅静养身体，张爱玲除了每天去图书馆查资料，还承包了全部家务。每一次见张爱玲出门，赖雅都仿佛在经历一场生离死别。在家里等待张爱玲的每一刻，赖雅都是忐忑不安的，只有看到张爱玲安然无恙地走进家门，他一颗悬着的心才能放下。

所谓相濡以沫，便是如此了吧。在穷困的生活里，他们彼此依偎，相互取暖。不知不觉，春天过去了，夏天来了，赖雅的身体终于恢复了一些，偶尔也可以出门走走了。夏天，是赖雅出生的季节，这一年，他七十一岁。每年这个时候，张爱玲都会绞尽脑汁计划着如何为赖雅庆祝生日。生活需要仪式感，在赖雅生日这一天，张爱玲睁开双眼的第一件事，就是温柔地对赖雅说"生日快乐"。赖雅像个小孩子一样哭了起来，张爱玲不停地柔声安慰他，并答应带他去巴尔的摩吃那里最出名的龙虾和帝王蟹，赖雅才露出笑脸。

赖雅已经很久没有出过远门了，从华盛顿到巴尔的摩要经历整整一个小时的车程，因为兴奋，赖雅竟然没有觉得累。中午时分，他们来到位于市中心的一家海鲜饭店，点了这里最著名的海鲜大餐。惊喜的是，他们还遇到了一位老朋友克兰。克兰驾车带着张爱玲和赖雅在巴尔的摩四处观光。赖雅已经很久没有像今天这样高兴了,尤其是张爱玲今天还特意打扮了一下,本就美丽的她更显得气质出众。在赖雅眼中,张爱玲才是最美的那道风景。

这样美好的一天,是赖雅生命中最后的快乐。生日过后不久,赖雅在从图书馆回来的路上摔了一跤,从此便卧床不起,他又一次中风了。医生说,这一次他几乎没有康复的可能。张爱玲没有抱怨命运的不公,这一点,她像极了姑姑张茂渊。再重的压力,她也扛得那样平静,没人能看出她心底究竟有多么煎熬。

张爱玲在赖雅的房间里放了一张行军床,自己就睡在这里,只要赖雅有需要,她可以随时起来照顾他。从此,除了作家和妻子,张爱玲又多了两个身份——赖雅的保姆和贴身护士。从前的张爱玲,是个生活能力极差的女人,如今生活所迫,虽然她照顾起赖雅来笨手笨脚,但没人帮她分担,所有事情都不得不由她一手料理。

本就瘦弱的张爱玲迅速地憔悴下去,赖雅看在眼里,疼在心上。他深爱张爱玲,不愿让她生活在沉重的压力之下,可除了躺在床上,他什么都做不了。

整整两年时间,赖雅就这样瘫在床上,张爱玲一边做翻译工作,一边照顾赖雅。有朋友为她提供了一个去迈阿密大学做驻校作家的机会,可赖雅身边实在离不开人。张爱玲曾试图拜托赖雅的女儿霏丝来照顾他,可霏丝说自己要照顾小孩、要上班,没时间照顾父亲。霏丝甚至毫不客气地对张爱玲说:"你当初和他结婚的时候就应该晓得他的健康情况。"张爱玲只是无奈地苦笑,原来赖雅和自己一样苦命,都有最凉薄的亲情。

回到家,张爱玲默默地收拾好行李,带着瘫痪的赖雅去了迈阿密。她没有再和霏丝见面,只给霏丝留下一张字条:"我带不走所有的东西,这几箱垃圾麻烦你帮忙处理下——最后一件事!"

张爱玲还是一如既往地倔强,坚信求人不如求己。她留下的几个纸箱子里面,都是赖雅的手稿和日记,她要用这些东西向霏丝证明,自己嫁给赖雅是因为爱,不是贪图他那些有价值的遗产。

在迈阿密大学,张爱玲最主要的工作就是翻译。在洛克菲勒基金会的资助下,张爱玲翻译了《海上花列传》。她一边辛苦地工作,一边无微不至地照顾赖雅。赖雅已经不能自己阅读,张爱玲深知,热爱文学的人,读书和吃饭一样重要。于是,她时常在阳光晴好的午后,为赖雅煮上一杯咖啡,之后便坐在他旁边,轻声为他念当天的报纸。赖雅面带微笑地听着,还不停插科打诨,说报纸上写的都是垃圾,张爱玲也和他一同自嘲:"我们都是垃圾的制造者。"

房间里的空气暖融融的,张爱玲真的是个如同春风般的女人,哪怕自己身在地狱,也拼命给他人创造天堂。她不允许赖雅因为生病而精神萎靡,便用最温润的方式滋养赖雅的灵魂,给予他精神上的安慰。同样,赖雅也故意表现出开心的样子,以此来安慰张爱玲。

即便生活如此困顿,张爱玲也没再试图求助于他人。她从来不是一个轻易向他人示弱的女子,尤其是经历过向宋淇借钱的窘迫之后,张爱玲便暗暗发誓,昂起头生活,不需要别人的怜悯和施舍。

1967年,张爱玲在朋友的帮助下,又接到位于麻省康桥的赖德克利夫大学的邀请,她再一次带着瘫痪的赖雅远行,从迈阿密来到康桥。赖雅的身体每况愈下,然而他和张爱玲一样倔强,当有亲戚登门探望时,他只是将头扭到一边,挥手让他们离去。张爱玲知道,赖雅不希望亲戚替自己难过,更不愿意向亲戚求助,这是他最后的尊严。

自从读懂了赖雅的心,以后只要有亲戚或朋友想要登门探望,张爱玲都一一婉拒了。赖雅的生命已经进入了倒计时,最后的日子,就让他安静度过吧。

半年后,赖雅走完了人生最后的旅程。他静静地离开了这个世界,陪伴在身边的只有张爱玲一个人。赖雅的一生,享受过富贵,经历过浮华,出入过名利场,遭遇过困顿,在生命的最后一刻,他想要的只有宁静。于是,张爱玲给了赖雅最宁静的告别,她没有为赖雅举办葬礼,只是同他的女儿霏丝安葬了他的骨灰。

四十七岁的张爱玲，再次只剩一个人，本不算大的房间一下子变得空旷起来。之前，哪怕赖雅只躺在床上不动，可只要听着他呼吸的声音，张爱玲就不会觉得寂寞。将赖雅的骨灰安葬之后，张爱玲在房间里发了很久的呆，她特意坐在房间的角落里，后背紧紧地贴在墙壁上，回忆着与赖雅在一起的点点滴滴，不可否认，大多数时间里，她是快乐的。在张爱玲的生命中，快乐的日子实在有限，这其中的一大部分都是赖雅给予的。她这样想着，此生再没有遗憾了。

④ 人心，远近相安

　　光阴荏苒，将喜怒哀乐都催成了回忆，静静地停在走过的时光里。在张爱玲的世界，如今只剩下她一人。她越来越喜欢安静，曾经渴望的繁华与喧嚣，都比不上手里的一卷书、书里的一段文字。

　　张爱玲的朋友不多，这源于她从不刻意迎合的个性。不过，她也从不逃避交友，认为人与人之间的距离，无须刻意拉近或疏远，顺其自然就好。

　　她走过许多城市，台湾是她逗留时间最短的地方，可无意之间，她的文学种子竟然在台湾落地生根，如野草般蓬勃蔓延。台湾的青年几乎人手一本张爱玲的作品，甚至以此为傲。

　　张爱玲的文学作品之所以在台湾颇受当时年轻人的欢迎，很大一部分原因要归功于夏志清这个"播种人"。夏志清与张爱玲是上海同乡，后来赴美国深造，获得耶鲁大学英文系博士学位。

1961年，夏志清完成了《中国现代小说史》——一部在中国现代文学研究领域具有开创性意义的作品。夏志清通过这本书对中国新文学小说的创作发展方向进行了深入探讨，并论证了张爱玲、钱钟书、鲁迅、沈从文、老舍、茅盾等优秀作家在文学史上的重要地位。

在《中国现代小说史》中，夏志清给予张爱玲极高的评价："张爱玲应该是今日中国最优秀最重要的作家，仅以小说而论，堪与英美女文豪曼殊菲尔、安泡特、韦尔蒂、麦克勒斯等相比，某些地方恐怕还要高明一筹。《金锁记》则是中国自古以来最伟大的中篇小说。"通过这本书，许多台湾年轻人认识了张爱玲。

其实，早在1957年，夏志清就写过一篇论述张爱玲文学地位的文章。当时，夏志清的哥哥夏济安在台湾担任《文学杂志》的主编。夏志清将这篇文章寄给哥哥，让哥哥翻译并发表。从此，夏济安也被张爱玲的文学才华吸引了，在给学生讲课时极力推荐张爱玲的小说，还将张爱玲的《五四遗事》刊登在《文学杂志》上。

因为夏氏兄弟的推崇，张爱玲如同一颗沧海遗珠，在华语文坛重新焕发出光芒。张爱玲虽不善表达，但在心底对夏氏兄弟有着绝对的信任。

他们偶尔会通信，张爱玲也会对夏志清讲一些生活中的人和事，其中便包括胡兰成和赖雅。

对于张爱玲生命中的两个重要的男人,夏志清都欣赏不起来。尤其是当得知赖雅执意让张爱玲打胎之后,夏志清更是愤怒不已。在他看来,孩子对于女人就像生命一样重要,如果张爱玲能有一个孩子,她的余生或许不会在寂寞中枯萎。在夏志清心目中,无论是滥情的胡兰成,还是潦倒的赖雅,都不值得张爱玲去爱和思念。

张爱玲是个从始至终都相信爱情的人。有人说,这样的女人太傻,缥缈的爱不如物质来得实际,一旦对方不再爱你,便真的一无所有了。张爱玲在爱情中受过一次重伤,却并没有放弃对爱情的追求。对辜负了自己的胡兰成,她也从没怨恨过,只是默默地自我疗愈,之后安静地走自己要走的路。

对于胡兰成和赖雅来说,张爱玲究竟是红玫瑰还是白玫瑰?无论答案是什么,都不重要了。

仿佛是命运在弥补张爱玲生命中爱的缺失,在赖雅离世之后,她的经济状况渐渐好转了起来。

在台湾皇冠出版社老板平鑫涛的帮助下,张爱玲的作品出版状况也好了起来。平鑫涛几乎将张爱玲的作品出版权"承包"了下来,如《《红楼梦魇》《惘然记》《余韵》《续集》《爱默生选集》,以及带有自传性质的散文《对照记》等16部文学作品。张爱玲与平鑫涛的合作也一直持续到她生命的尽头。

每个人的故事都会在岁月辗转中化为浮尘,所有的情绪也都渐渐随风消逝，唯有当年在人生转角处相遇相知的那些人，在历经红尘颠簸之后，依然会千百次入梦。

张爱玲与於梨华的友情，开始于夏志清的引见。1964年，夏志清带着於梨华去纽约探望张爱玲。於梨华与张爱玲同是在美国的华人作家，又是上海同乡，这两重身份打破了陌生的隔阂，她们一见如故，从此开始经常通信。於梨华曾经在信中问张爱玲是否想回台湾，张爱玲在回信中说："台湾有许多好处都是我不需要的，如风景、服务、人情之类。我需要的如privacy（隐私），独门独户，买东西方便，没有佣人……从出了学校到现在，除逃难的时期外，一直过惯了这种生活，再紧缩点也还行。寂寞是心境关系，在台湾如找我的人多些，也只有多得罪人……"

穿梭在文字间的张爱玲，习惯了孤独，或者说，她宁愿孤独，将所有深情沉淀在心底，与之和平共处。

1965年，於梨华在纽约州立大学讲授中文文学课程，她邀请张爱玲来学校演讲，张爱玲爽快地答应了。不巧的是，在演讲的前一天，纽约下了一场大雪，张爱玲乘坐的飞机晚点了。当张爱玲走出闸口，一眼便看到了於梨华焦急等待的身影。那一天，张爱玲穿了一件暗灰薄呢窄裙洋装，脖子上系了一条紫红色的丝巾。她的头发也精心打理过了，及肩的长发烫成波浪形，又用一只黑色的发夹看似随意地绾住，慵懒又精致。精心的打扮，是张爱玲对人表达尊重的方式。在於梨华眼中，这样的张爱玲虽然算不上倾国倾城，但绝对是独一无二的。

不过，於梨华来不及细细欣赏张爱玲的韵味，因为演讲马上要开始了，她几乎是开着车"飞"到了学校，但还是迟到了十几分钟。张爱玲却执意先去洗手间整理自己的仪表，之后才优雅地走进教室。她在乎自己的形象，是因为在乎即将见到的每一个人。

因为赶时间，再加上有些紧张，张爱玲演讲的语速有些快，她在讲台上极力平复着自己的情绪，尽量镇定自若地回答学生们提出的每一个问题。她从不喜欢长篇大论，每一个问题都回答得简洁清晰，那是张爱玲独有的语言表达方式。

演讲结束后，张爱玲婉拒了学校为她准备的茶会，单独和於梨华来到学校的小咖啡室，她点了一份香草冰激凌苏打。饮料被端上来的时候，她像个孩子一样眼中放出欣喜的光芒，整个脸庞都明亮了起来。虽然她喝饮料的样子还是那样斯文优雅，可於梨华看得出来她神情中的满足。张爱玲就是这样一个简单的人，她有自己的小世界，那里存着她从不轻易释放的童真。

没有见过张爱玲的人，都以为她是个孤傲难相处的女子，可只要与她相处过，便能了解她虽出走半生，身体里依然住着一个少女的灵魂。

张爱玲不太喜欢抛头露面，虽然明知道增加自己的曝光率会提高小说的销量，却还是不愿意接受采访。直到20世纪六十年代末，张爱玲才答应接受美国费城《询问报》的采访。

那一天登门的记者是殷允梵。殷允梵来此之前，所了解的张爱玲的形象只限于他人的描述与猜测，因此，直到来到张爱玲的家门口，他的心情还是忐忑的。蒙蒙细雨中，殷允梵站在昏黄的路灯下，轻轻敲响张爱玲公寓的门。一阵优雅的脚步声传来，门打开了，一个高高瘦瘦的身影出现在房门里面，那便是张爱玲。公寓里暖黄色的灯光笼罩在她的身上，那一瞬间，殷允梵所有的忐忑烟消云散，张爱玲不再是一个高冷的符号，而是站在面前的一个鲜活的女子。一抹温和的笑挂在她的脸上，眼底还流淌着几分稚气，脸上带着一丝羞怯，只需这一眼，殷允梵便确信，张爱玲是个单纯到令人心疼的女子。

张爱玲告诉殷允梵，与旧金山相比，自己更喜欢纽约，因为纽约更像她熟悉的上海，只有在这里，她才能感觉到自己的存在，而旧金山的陌生总是让她无来由地生出哀伤。

何为人生？在张爱玲看来，人生或许就是一场悲剧吧。人只要活着，总要在苦痛中熬着，即便苦痛远比快乐要多，也要努力活下去。对于张爱玲来说，活着的重要意义就是可以写作。她写作的速度很慢，仿佛在将自己的骨血慢慢渗透进文字里。

张爱玲说话的声音不大，语速也不快，殷允梵听着很舒服。那一天，他们聊了很久，张爱玲还拿出一些甜点、花生米、葡萄酒，又特意煮了咖啡，翻找这些东西花了好一阵工夫，因为它们都被张爱玲放在行李箱里。来到美国之后，她养成了不拆开行李箱的习惯，因为搬家几乎是常态，索性把所有东西都放在行李箱里，免得下次搬家还要重新收拾。

殷允梵曾问张爱玲，是否觉得一个人生活太孤独？张爱玲笑了，因为孤独于她而言，已经成为习惯。即便在学生时代，身边的同学们也总是不理解张爱玲的想法，听不懂她说的话，但她从不在意，也不会刻意闭口不言，只要是她觉得有必要讲出来的话，哪怕没人能理解，她也是要讲出来的。就像张爱玲自己说的那样："我和一般人不太一样，但是我也不一定要要求自己和别人一样。"

那天采访的最后，张爱玲说："我常常觉得我像是一个岛。"说这番话时，她的神态一如既往地平静。

哪怕已经看清人生的结局注定是一场悲剧，但在生与死之间，她还是要选择生。

第八章 沉香・翻腾的海归于平静

❶ 乱世中的生命之美

物质的富足和精神的富有究竟哪个更重要？张爱玲选择了后者。生命的动人，不在于激情，她似乎更愿意留一份淡然给自己，所以活得云淡风轻。

张爱玲曾经努力地用英文创作小说，却并没有受过更多关注。她的《北地胭脂》被出版社搁置多年之后才出版，却并不被看好，销量也很差。于是，张爱玲放弃了创作英文小说的执念，专注于中文小说的创作。

一部《十八春》曾经让张爱玲在上海红极一时，这部小说虽然是张爱玲最得意的作品之一，但其中的部分情节却是特殊年代背景下的产物，张爱玲并不是特别满意。于是，她决定将这部小说更名为《半生缘》，并对其中的一些故事进行修改。

在改编后的《半生缘》里，女主人公顾曼桢的命运更加坎坷，她成了一名清贫的教师，儿子也染上了重病。为了救儿子的命，顾曼桢在姐姐死去后不得已嫁给了祝鸿才。可是婚后的生活更加惨烈，最终她只得把所有的钱财都交给破产的祝鸿才，才得以和他离婚，独自抚养儿子。她和沈世钧最后也没能重拾旧情，一句"世钧，我们回不去了"，便是这个故事悲凉的结局。

这个故事像极了张爱玲自己的经历，再浓烈的爱也容易在现实面前悲哀地死去。爱，本应该是纯粹的，相爱而不能相守，是这个世界上最痛苦的事情。与爱情擦肩而过，张爱玲不知道应该去怪谁。她将所有的失落都写进顾曼桢的故事里，让顾曼桢来告诉这个世界，最伟大的爱，或许应该是"放弃"。

小说改编好之后，张爱玲将它交给了平鑫涛，连同《流言》《怨女》《张爱玲短篇小说集》一起委托皇冠出版社出版。虽然许多读者曾经读过旧版的《十八春》，但是当再次读过《半生缘》之后，还是引发了一阵追捧张爱玲的热潮，就连一些作家和学者也开始研究张爱玲和她的作品。

一连几部作品的出版，让张爱玲的生活改善了许多。张爱玲曾说"出名要趁早"，她也愿意用自己的才华换取名利。可如今她已尝遍生活的辛辣与酸涩，唯一想要追求的，就是宁静。于红尘中，她笑看风云，孤独依旧，却能坦然面对。

继台湾文学界开始了追捧张爱玲的热潮之后，香港《星岛日报》也对张爱玲的小说《金锁记》和《怨女》进行了连载，许多香港读者从尘封的记忆里翻出了张爱玲的名字，记起了这个曾经在上海红极一时的女作家，对她的关注也多了起来。

台湾学者水晶便是在这时登门拜访张爱玲的。他本来就是张爱玲的书迷，1970年，水晶到伯克利大学进修，当得知张爱玲也在这所学校时，简直喜出望外。不过，水晶第一次登门便吃了闭门羹。他在张爱玲的公寓门口按了许久的门铃，得到的回答却是：抱歉，感冒了，不能见。

水晶觉得直接登门拜访或许有些冒昧，便改成打电话，可是一连打了许多次都无人接听。不死心的水晶在深夜两点再次拨打了张爱玲的电话，这一次，张爱玲竟然接听了。水晶连忙在电话中自我介绍了一番，再三强调自己对张爱玲小说的喜爱，希望能得到她的指点。张爱玲还是以身体不舒服为由拒绝了，不过，这一次她记下了水晶的地址和电话号码。

将近一年以后，水晶进修期满，即将离开伯克利大学，他以为与张爱玲无缘相见了，不曾想张爱玲却主动提出和他见面，见面的地点就在张爱玲的公寓。

水晶曾经无数次想象张爱玲是个怎样的人，虽然他见过张爱玲的照片，也从别人口中听说过张爱玲的性格，可在见面的那一刻，他才发现，张爱玲竟然如此和善，这是他从未想到的。

张爱玲听说水晶已经订了婚，便拿出一瓶香水作为礼物送给水晶的爱人。她是如此细心的人，得知水晶从不饮酒，又拿来两种饮料招待他。那一天，他们的话题始终围绕着文学，聊张爱玲最爱的《海上花》和《红楼梦》，也聊张爱玲欣赏的鲁迅先生。张爱玲喜欢鲁迅文字中的批判与讽刺，说他能将中国人性格中的阴暗面和劣根性暴露出来，只可惜在鲁迅之后再没有人能继承他的文风，张爱玲为此深感惋惜。

在谈论文学时，张爱玲整个人仿佛都在发着光。他们一直聊到深夜两点半，张爱玲依然意犹未尽。她说："这样的谈话，十年大概才得一次。朋友间会面，有时终身才得一次。"分别时，张爱玲拿出一本英文版的《怨女》，又郑重地题上自己的名字后送给水晶。这几乎是她在纽约最后一次会客，不久之后她便搬去了洛杉矶。

搬家，已经成为张爱玲生活的常态。繁华的洛杉矶，成为张爱玲最后的落脚地。在好莱坞东区的一栋老式单身公寓楼里，张爱玲住了整整十年，这里能让她找到熟悉的感觉，仿佛又回到了当年上海静安寺路的爱丁顿公寓。

这间公寓是庄信正夫妇帮她找的。找房子之前，庄信正曾问她对房子有什么要求。张爱玲回答：要带浴室、一间房的公寓，最好附近有公共汽车站且地点要好，另外房子要新一些，其余就没什么了。

她总是知道自己想要什么。庄信正夫妇很快就找到了这样的公寓，除了房子有些陈旧外，基本符合张爱玲的要求。搬家那天，庄信正夫妇也来帮忙，带他们进公寓的女人不停地用英语和张爱玲说话，张爱玲只是客气地用汉语说："我不会英语。"

一切不必要的交流和会面，张爱玲都不想再花心思应付。她特意叮嘱庄信正夫妇："来了洛杉矶，最好还是当我住进老鼠洞里。"这是她在变相交代不要将自己的地址告诉别人。

从此，这间小小的公寓便成为张爱玲的"清修"之地。她的散文集《惘然记》便是在这里完成的，其中收录了她的许多旧作。在序言里，张爱玲写过这样一段话："这三个小故事都曾经使我震动，因而甘心一遍遍改写这么些年，甚至于想起来只想到最初获得材料的惊喜与改写的历程，一点都不觉得这其间三十年的时间过去了，爱就是不问值得不值得，这也就是'此情可待成追忆，只是当时已惘然'了，因此结集时提名《惘然记》。"

最美好的年华，已经一去不返，属于年少的羞涩，属于青春的悸动，走着走着，都渐行渐远。她见过最美的风景，也错过了最美的风景。偶尔静立窗前，张爱玲会有些怅然若失，可若细究到底失去了什么，她似乎也理不清。归根结底，似乎从未有什么东西是她真正得到过的。

从此，留在世人记忆中的张爱玲，便是这样一个形象：一袭古式齐膝夹袄，宽身大袖，镶着黑缎宽边，右襟下方是一朵卷云，她的头向一侧轻轻侧着，眼睑低垂，一抹淡淡的笑挂在嘴角。那是张爱玲放在《流言》扉页上的照片，也是她自己最喜欢的照片。

她的欢喜与忧伤，只能独自体会。人们只知道她冷漠孤傲，却不知夜深人静时，她也曾对着泛黄的书卷独自垂泪。幸好在人生里兜兜转转之后，张爱玲不曾迷失自己，虽然每一步都走得艰辛，却从来没有止步不前。

平和，才见生命的广大；平静，才见生命的深远。美好的记忆，她都深深埋在心底，将其珍藏起来。为了让自己的生命只留下美好，她宁可把自己封锁起来，远离喧闹的一切。

她终于找回了精致的生活，那是张爱玲对生命的热爱。每一天，她都穿着最美丽的衣服，用最好的化妆品，将房间收拾得一尘不染。张爱玲喜欢黄昏，觉得这是一天中最美的时刻。夕阳透过玻璃窗洒在地板上，为了配合这暖黄色的温馨，她会让房间里飘起咖啡的香气。生活，应该是用来享受的，唯有将自己沉浸在美好之中，悲凉的心才能渐渐温暖起来。

亲情，她已经多年未曾感受过了。张爱玲偶尔会认真回忆亲情的滋味，可是无论怎样努力回味，都无法清晰地感知。是啊，她几乎没有好好享受过亲情，母亲的远走，父亲的冷漠，继母的刻薄，与弟弟的疏远……

突然之间，张爱玲强烈地思念姑姑。可是，因为当年害怕连累姑姑，张爱玲自从离开上海，便与姑姑再无联络了。后来，她终于想办法与姑姑取得了联系。她惊喜地得知，姑姑结婚了。成为新娘的那一年，张茂渊七十八岁，她的新郎，就是当年在香港当过张爱玲法定监护人的李开弟先生。张爱玲还记得张茂渊曾经说过:"姑姑一定会结婚的,哪怕八十岁也会结婚。"张茂渊兑现了对自己的诺言,张爱玲羡慕她可以嫁给爱情,而身在异乡的自己,依旧孤身一人。

在与岁月的对抗中,没人能取得胜利。随着年龄一天天大起来,张爱玲发现自己的身体越来越糟。因为长期写作,她的眼睛早就出了毛病,皮肤也有些问题。为了锻炼身体,她养成了每天做体操的习惯。这让她想起当年被父亲囚禁在房间里的日子,那时候为了逃走,她也每天做体操,可这段记忆就像前世的事情。

② 临水照花人

张爱玲是个会用文字跳舞的女人,而且不需要舞伴来陪衬,一个人就能孤傲地舞出卓尔不群的姿态,与浮生之梦共享悲欢。

很长时间以来,张爱玲一直在进行关于《红楼梦》的研究。她曾经对水晶说:"我现在写东西,完全是还债——还我欠下自己的债,因为从前自己曾经许下心愿。"当居所终于稳定,经济也终于宽裕,她便到了要给自己"还债"的时候了。

十几岁时,张爱玲就与《红楼梦》结缘,还为此写过一篇小说《摩登红楼梦》。多年以来,她看过太多关于《红楼梦》的论文专著,也读过各种版本的《红楼梦》。这部经典文学著作已经深深地刻进张爱玲的灵魂里,她自己写的小说也受《红楼梦》影响颇深。

《红楼梦》遗稿中遗失的那部分,是张爱玲心中永远的痛。她说,恨不得坐时间机器飞回古时候,到当年借阅《红楼梦》原稿的那个人家中，将全部原稿抢回来。

对张爱玲来说，《红楼梦》已不只是"梦"，更像一个"梦魇"。自从搬到洛杉矶，她几乎将全部精力都放在红学研究上，先后发表了《〈红楼梦〉未完》和《初评〈红楼梦〉》两部红学研究著作。

1977年，张爱玲终于完成了14万字的《红楼梦魇》。这一年，是她来到洛杉矶的第十年，三千多个日日夜夜，她就这样一个人在公寓里度过，除了偶尔接待庄信正夫妇，她几乎不见任何人。"十年一觉迷考据，赢得红楼梦魇名"，便是张爱玲对这十年最恰当的总结。

张爱玲用一个小说家的视角来看《红楼梦》，她不认为自己是在进行学术研究，自己只是在与曹雪芹进行穿越时间的心灵沟通，所以，她的《红楼梦魇》读起来给人一种轻松的感觉。就连红学研究学者周汝昌读过之后都评价："只有张爱玲，才堪称是曹雪芹的知己，我现今对她非常佩服，认为她是'红学史'上一大怪杰，常流难以企及。张爱玲之奇才，心极细而记极强，万难企及，我自惭枉做了'红学家'。"

张爱玲的生命中从来不缺乏争议，从爱情，到身份，再到文学作品，所有关于她的一切总能引来世人的好奇与评判。当《色·戒》面世之后，张爱玲再一次成为争议的焦点。

既然世人喜欢争论，那就随他们去吧。张爱玲把自己关在一个人的小世界里，沉浸在孤独之中。只有身处人群而又远离人群，才能让她充满生命的欢悦，然后静下心来雕琢文字。

她说："我反对人物脸谱化，将好人与坏人区分得十分清晰，即便爱国志士抑或伪军汉奸，他们都有人性的弱点，我写的只是人性弱点。"她还说："我写的不是那些受过专业训练的特工，当然有人性，也有正常人的弱点，不然势必人物类型化。"

张爱玲尊重自己小说中的每一个人物，至于这部小说是否受追捧，她已不再关注。可是，自从她的小说《红玫瑰与白玫瑰》《怨女》《倾城之恋》被改编成电影放映后，张爱玲的名气越来越大，她想要的宁静生活终究还是被打破了。

为了采访张爱玲，各大媒体的记者挖空了心思。《台湾联合报》的戴文采曾给张爱玲写信，请求她接受采访，却没有得到张爱玲的回复。戴文采知道张爱玲的住址，便想方设法搬到了张爱玲的隔壁。她不能正面采访张爱玲，只能在隔壁听着张爱玲生活中的声响，等待时机。

足足等了一个多月，戴文采才在张爱玲出门倒垃圾时与她见了一面。张爱玲似乎觉察到有人在偷偷观察自己，便再不肯轻易出门。

一次，她想出门时，直到听到戴文采关上房门的声音，才匆匆走出家门。戴文采抓住时机，立刻出门，远远地跟在张爱玲的后面。

张爱玲仿佛逃跑一般在前面低头匆匆前行,戴文采在她后面偷偷跟随,但始终没能看清张爱玲的眉眼。一直等张爱玲倒完垃圾回家,戴文采也没能找到与张爱玲近距离接触的机会。思来想去,戴文采竟将张爱玲丢下的垃圾袋拿了出来,蹲在垃圾桶旁边翻找线索,还真的从中发现了张爱玲的生活细节:她的饮食习惯,喜欢看的书,购物的地点,存款的银行,甚至多久通一次信,戴文采都了解得清清楚楚。凭着从垃圾中翻出的蛛丝马迹,戴文采写了一篇《我的邻居张爱玲》。

文章写好之后,戴文采心满意足地将这一"喜讯"告诉了自己的好友。"张爱玲的生活隐私被暴露"的消息,辗转传到了庄信正耳中。庄信正立刻打电话通知张爱玲,张爱玲这才知道自己的生活遭到了"窥探",第二天便匆忙搬家了。

戴文采一连几天没有听到隔壁房间的响动,意识到张爱玲可能不住在这里了。后来,她将自己写好的文章寄给了台湾《联合报》副刊,可是副刊的主编看过稿子之后告诉戴文采,可能要等到张爱玲百年之后,才能将这篇稿子发表出来。

其实,搜集名人的资料,在名人逝世后第一时间发表内容详尽的大幅专版,是《联合报》一直以来的做法,并且屡试不爽,总能在舆论界引起轰动。但是,通过翻垃圾的手段获得名人的隐私,说出去总不是光彩的事情,很可能会影响报纸的形象,因此,《联合报》副刊主编才决定将戴文采的稿子暂时搁置。

无奈之下，戴文采只得将稿子投给《联合报》的竞争对手《中国时报》。可是，《中国时报》的副刊编辑李季同样拒绝发表，并且打电话通知了庄信正，希望他提醒张爱玲。虽然张爱玲已经搬出了公寓，但还是对李季处理这件事情的态度表示万分感激。1988年圣诞节前夕，张爱玲给李季寄去一张贺卡，上面写着："感谢所有的一切。"

　　从此，张爱玲又开始了被迫搬家的日子。为了让自己的住址绝对保密，她连姑姑都不敢告诉。洛杉矶的大小汽车旅馆，成了张爱玲的移动住所。她几乎每隔一个星期就要换一家旅馆，可即便如此，生活还是不能消停。当得知张爱玲因为旅馆有跳蚤而染上了皮肤病，水晶还在《中国时报》上发表了《张爱玲病了！》。张爱玲知道这件事后，简直火冒三丈，无论怎么躲，自己的生活隐私还是暴露于众目睽睽之下。无奈，她只得选择更加隐蔽的住所，后来，就连庄信正都不知道她究竟住在哪里了。

　　好在朋友们还是真心关心她的身体健康的。得知张爱玲生病后，宋淇便立刻提出接她回香港看病。可惜因为频繁搬家，张爱玲的护照丢了，不能回香港。司马新便托人请来洛杉矶的名医给张爱玲看病，终于医好了她。

　　与此同时，庄信正也托付好友林式同照顾张爱玲。林式同非常尽心，在自己设计的公寓社区里为张爱玲找到一处单人套间。张爱玲搬进去后，林式同还对公寓经理千叮万嘱，一旦有紧急的事情，一定要立刻通知他。

后来，林式同又为张爱玲补办了护照。说起来，张爱玲与林式同并不十分熟悉，却能获得林式同如此悉心的照顾，张爱玲感激不已，但也打定主意，不能再麻烦朋友。搬家那一天，林式同打算为张爱玲叫一辆计程车，张爱玲拒绝了，她说自己的行李很少，不用麻烦了。

一次，张爱玲在过马路时被撞倒，摔坏了肩骨，伤得不轻，好在医生说不用开刀，只需做物理治疗即可。可是公寓经理看到张爱玲受伤，立刻打电话给林式同。林式同得知消息后马上打电话给张爱玲。张爱玲在电话里轻描淡写，她说自己只是坐火车摔了一跤，躺几天就好了。林式同还不放心，又问张爱玲还有哪里不舒服。张爱玲说自己的牙齿、皮肤、眼睛都有问题，但都是小毛病。

张爱玲知道林式同是个热心的人，他给了自己许多帮助，却从不求回报。因此，张爱玲对林式同绝对信任，几乎已经把他当成了亲人。她喜欢和林式同聊天，也只有和林式同说话的时候从不说英文，甚至连一个英文单词都没有。

张爱玲曾在电话里抱怨自己总是牙疼，林式同建议她拔掉，还说自己也牙疼，拔掉以后就没事了。张爱玲突然有所感悟，在电话里自言自语："身外之物还是丢得不够彻底。"

1991年，张爱玲居住的那座公寓搬来了一些南美洲和亚洲移民，都是一些生活在社会最底层的居民。张爱玲的居住环境开始变得嘈杂，因为有人不讲卫生，公寓里还出现了蟑螂和蚂蚁。张爱玲向来爱干净，终于忍无可忍，写信给林式同，请他帮自己找房子搬家。

按照张爱玲的要求，林式同很快帮她找到了一处房子，还专程赶来陪她一起去签约。说来有趣，这一次才是他们第二次见面，而上一次见面则是七年之前的事情了。

林式同能看出来张爱玲的牙齿真的出了很大的问题，她的嘴唇都因此受到了影响。

搬家的时候，张爱玲还是执意不肯让林式同帮忙。新家是一处位于洛杉矶最好区域的单身公寓，也是张爱玲来美国之后住的最好的一处房子。她很喜欢这座公寓，在这里过完了余生。

到了晚年，张爱玲依然处理不好生活琐事。房东经常给林式同打电话抱怨，说她总是忘记带钥匙，自己不得不常常帮她开门，还说张爱玲总是让自己去修理浴室的设备，常常麻烦自己。房东甚至问林式同："这位房客是怎么回事？会不会有什么问题？"林式同却很淡定，他向房东保证，张爱玲绝对没有任何问题，并且是一个按时交租的房客，如果不是真的有事，从不轻易打扰别人。最后，他告诉房东："你尽管放心，有事找我好了！"

因为信任，张爱玲决定让林式同担任自己的遗嘱执行人。或许是因为上了年纪,张爱玲开始思考死后的事情。

她隐隐地预感到,自己离开这个世界的那一天,应该也是孤独的。可人从生下来的那一刻就注定一步步走向死亡,既然已经预知了结局,是否有人陪伴还重要吗?

③ 夕阳无限好

若能在黄昏看到美丽的夕阳,又何须为黑夜的降临而感到悲伤?

有人觉得张爱玲的晚年生活是穷困凄惨的,其实不然,她的积蓄并不算少,只是已经没有了用金钱取悦自己的欲望。因为疾病缠身,张爱玲很少出门,她晚年最喜欢的生活方式,就是坐在家里看书、写作。

她的精神世界同样是富有的,只是她更喜欢避世的生活。唯有摆脱人际关系的束缚,才能让她感觉轻松。

张爱玲并不知道自己在国内知名度这么高,许多媒体都希望能向她约稿。《中国时报》副刊主编桑品载得知张爱玲要将一篇描写北方军阀的英文小说翻译成中文,立刻向张爱玲约稿,并且承诺可以先支付5000美元作为定金,给出的稿酬也相当丰厚。可张爱玲婉拒了,因为稿子还没有完成。这让桑品载有些为难,这次约稿也是《中国时报》董事长交代的任务，如果不能完成任务，桑品载就没法向董事长交代。张爱玲不愿让桑品载为难，便将三万字的《谈看书》寄了过去，并且在信中承诺，如果这篇稿子不符合报纸的体裁，以后再写一些短篇的稿子寄过去。

那段时间张爱玲除了翻译《海上花列传》，几乎没有新的文学作品。她偶尔会和司马新通信，谈一谈《海上花列传》的翻译进展，也会给司马新的论文提一些建议。因为司马新的论文选题也是《海上花列传》，夏志清便将他推荐给张爱玲，原因在于在上海出生、长大的张爱玲是个真正懂得吴侬软语的人，能给司马新更大的帮助。

司马新回国后，曾劝说张爱玲回家看看，20世纪80年代的中国已经有了翻天覆地的变化，思想更加开放和包容，可张爱玲已经习惯了安静的生活，觉得没有回去的必要。若一定要走出家门，她宁愿去自己没有去过的地方，此后再有人建议她回国看看，她都以工作繁忙为由一一婉拒了。

在熟悉的故土，张爱玲并不知道，那里有许多读者因为柯灵的那篇《遥寄张爱玲》而喜欢上了她。柯灵在文章中回忆了与张爱玲交往的点滴，字字感性，句句祝福。在文章的最后，柯灵写道："三十年前的月亮早已沉下去。我希望，三十年前的故事还没有完。我在北方湛蓝的初冬，万里外，长城边，因风寄意，向张爱玲致以良好的祝愿，亲切的问候。"

没有人知道张爱玲是否读过这篇满载了回忆的文章，但是与上海有关的一切，还是能牵动张爱玲的一抹乡愁。她重新开始与姑姑、弟弟通信，姑姑也在信中分享自己和李开弟先生的爱情故事。张茂渊用一生等来的爱情，所幸并没有辜负她。

张爱玲对李开弟先生的印象非常好，得知姑姑和他结婚，立刻送上了自己的祝福。只不过，张爱玲因为担心自己的住处再次被泄露，用的是租来的邮箱，所以与姑姑的通信并不多。

弟弟张子静是在看到了《文汇月刊》上刊登的《张爱玲传奇》之后，才知道姐姐还活着，激动不已的他通过美国的朋友和台湾的亲戚帮忙联系姐姐，直到1983年，这对分别了多年的姐弟才终于取得了联系。此时的张子静在一间只有十四平方米的小屋内独自生活，这个小屋是父亲留给他的唯一财产。这个曾经被视为继承张家香火的人，却被父亲耽误了终身大事，一生未婚。他希望姐姐能回国与自己团聚，张爱玲拒绝了。之后他再写信，却总是收不到张爱玲的回信。那时的张爱玲正在洛杉矶的汽车旅馆中"流浪"，没有固定住所。张子静的信总是被退回，导致他一度认为姐姐在美国可能出了事，整天担心不已。

张爱玲从未想过自己在国内的关注度竟然如此之高，发生在自己身上一些微不足道的小事，在国内也能掀起风浪。就连张爱玲过马路被撞伤肩骨的事情，也会出现在国内报纸的新闻版面。张子静看到报纸上的新闻后紧张得不行，赶忙打电话向上海的亲友询问,还给美国的亲戚写信,却没有得到任何确切的消息。焦急之下,张子静甚至通过上海华侨事务办公室联络到洛杉矶领事馆,终于辗转联系上张爱玲。张爱玲的回信依然轻描淡写,说自己虽然小毛病不断,却并无大碍,让弟弟不要挂念。

其实,她挂念上海这片土地,挂念留在上海的人,却早已断了回上海的念头。一次,林式同打来电话,说自己要去上海,问张爱玲是否有事托付。电话另一头的张爱玲沉默良久,最终只是缓缓地说了一句:"哦,上海,恍如隔世。"

没过多久,张茂渊在上海离世的消息传来,她在遗嘱中交代不举行告别仪式,骨灰随便撒掉就好。张爱玲是最懂姑姑的人,她没有赶回去与姑姑告别,就像她曾说的那样:"'死生契阔,与子相悦,执子之手,与子偕老。'我看那是最悲哀的一首诗,生与死与别离,都是大事,不由我们支配的。比起外界的力量,我们人是多么小、多么小!可是我偏要说:'我永远和你在一起;我们一生一世都别离开。'"

❹ 旧时光，别来无恙

人生短暂，去日苦多，承载不了太多的悲伤与失望。前尘旧梦在凉薄的红尘中渐渐没了温度，还来不及拥抱流年清欢，时光便匆匆而过。

早在1974年，张爱玲曾收到一位朋友写来的一封信，信中说他打算根据胡兰成的描述，写一本张爱玲传记。胡兰成在《今生今世》中关于张爱玲的描述让她非常气愤，她觉得，与其让自己的故事在别人口中变了味道，不如亲自把这些故事讲给世人。这便是张爱玲创作自传体小说《小团圆》的初衷。

1976年，完成了《小团圆》的初稿，张爱玲委托宋淇替自己寻找出版社，打算将这部小说出版。可宋淇看过小说后大吃一惊，立刻回信，建议张爱玲不要涉及太多政治背景，如果确实想出版，需要把人物设定好好改一改。

张爱玲接受了宋淇的建议，对《小团圆》的初稿反复修改，却始终没能让自己满意。张爱玲曾答应平鑫涛在皇冠四十周年庆的时候同时出版《小团圆》和《对照记》，直到1994年，《小团圆》却还是没能定稿，她只得先出版《对照记》。

很长一段时间以来，张爱玲清楚地感觉到自己的身体每况愈下。身边的好友一个接一个地离世，让她渐渐意识到，自己的时间真的不多了。此时，一些生活琐事总是让她烦心，房东时不时便来找麻烦，明里暗里想把张爱玲赶走。张爱玲只得给林式同写信，说自己打算搬到拉斯维加斯去住。

林式同几乎把张爱玲当成母亲看待，他坚决反对年老的张爱玲独自前往拉斯维加斯。张爱玲只得退一步，请林式同再帮自己找一处房子。林式同再三保证，一定在租约到期之前帮她找到房子，张爱玲这才作罢。

房子的问题暂时搁置，皮肤病又来困扰张爱玲。她每天不得不照射紫外线治疗，因为治疗时不能穿衣服，张爱玲单薄的身体总是着凉，皮肤病还没治好，感冒又来了，牙齿也出了问题。这些小病痛不会要命，却让张爱玲苦不堪言。为了治病，她耗费了不少时间和精力，精神状况也大不如前。之前，张爱玲曾答应夏志清，将自己翻译的小说《封锁》交给他，编入《中国现代文学读本》中。可因为治病，稿件一拖再拖，张爱玲不得不写信向夏志清解释。这封信，也成为张爱玲留给夏志清的绝笔。

从那以后，张爱玲很久没有出房门。房东一连几天没有见到张爱玲的身影，也听不到她房间里的任何响动，因为担心张爱玲出事了，便立刻让女儿叫了救护车，又打电话给林式同。就在不久之前林式同还和张爱玲通过电话，接到房东女儿打来的电话，林式同非常吃惊。挂掉电话后，林式同立刻冲向门口，可还没出门，电话铃又响了起来。

这一次打来电话的，是洛杉矶警察局，他们告知林式同，张爱玲已经去世了。林式同忽然想起张爱玲留在这里的遗书，上面交代将"遗物全部寄给宋淇先生"，遗嘱上还写道："死后马上火葬，不要他人看到遗体；不举行任何葬礼仪式；骨灰撒向空旷无人处。"

那一天，是1995年9月8日，当林式同赶到张爱玲的公寓时，警察已经到了。林式同一直在走廊里等着，直到警察调查完毕，才从警察那里拿到一只装有重要遗物的手提包。据警察说，这只手提包就放在靠近门口的折叠桌上。林式同打开手提包，发现里面整齐地摆放着各种重要证件和信件。或许，张爱玲对自己的死早有预感，这些东西是她早就整理好了的。

张爱玲的遗体，就躺在房间里唯一的一张行军床上。她的身上穿着一件赭红色的旗袍，身下垫着一床蓝灰色的毯子，身上没有盖任何东西。她的头发剪得很短，脸朝向房门外，眼睛和嘴都闭着，手脚都自然地平放，仿佛只是睡着了一般安详。只不过，她出奇地瘦，那是被晚年的种种病痛折磨的。

在她的房间里，有一盏不久之前刚刚买来的日光灯。她离世时，这盏灯依然亮着。

直到离开这个世界，张爱玲依然没有一座属于自己的房子。曾经，因为潦倒，她没有能力购买房子；后来，有能力购买了，对于身外之物她已不再执着。因为看得通透，她不仅不再购买昂贵的珠宝和华服，就连曾经拥有的东西，她也舍得丢弃。

法医认定，张爱玲已经死去一个星期之久，并且没有自杀的迹象。林式同知道，桌子上那一叠铺开的稿子，和一支未合上的笔，便是张爱玲不会自杀的证明，那是她此生都无法割舍的东西。

曾被夏志清赞为"中国现代小说史上唯一能与鲁迅并列"的天才女作家张爱玲，就这样离开了。在美国，几乎没有人知道这个寡言少语的老太太是一位在中国备受追捧的女作家，似乎就连她自己都从不在意这个身份。

张爱玲离世的消息惊动了整个中国文坛，就连美国的《纽约时报》和《洛杉矶时报》也刊登了讣闻。许多张爱玲的崇拜者从世界各地来到她生前居住的公寓前凭吊，洛杉矶的一百多位现代诗人专门为她举办了一场"以诗吟月"活动。

1995年9月30日，张爱玲的骨灰被林式同等人护送上船，撒向太平洋。那一天，是张爱玲的生日，75年前的这一天，她来到这个世界；75年后的这一天，她的灵魂永远安息。

张子静得知姐姐离世的消息，一连几天都精神恍惚。他翻出张爱玲写的那篇《童言无忌》，其中《弟弟》那一篇，是写张子静的。张爱玲在文字里赞美张子静，也嘲笑他的浑噩麻木。当年第一次读这篇文字时，张子静没有生气，如今再次读来，只需一眼，便已泪水汹涌。

他打算为姐姐写点什么，便有了《我的姐姐张爱玲》。张子静一生都在羡慕姐姐，她有强大的铠甲，也有让自己快乐的能力，还有过轰轰烈烈的爱情，这些都是自认懦弱的他从不曾拥有过的。

经历了沧桑而又绚丽的一生后，张爱玲洒脱地离开了这个世界，将所有的争议与纷争抛在身后，只留下一个倔强高傲的背影。她笔下的上海，成为无数后人追逐的梦。多少女子曾幻想，如张爱玲一般，着一身华丽的旗袍，在上海的青石板路上摇曳生姿，感受她的爱恨与离愁、欢喜与悲凉。

后记
POSTSCRIPT

对于没有读过张爱玲任何文字的人来说,她更像是一个八卦新闻里的女主角。唯有读过她文字的人,才能感受到她的冷静与孤独。

很多人喜欢张爱玲,是喜欢她置身世俗,却从不入世俗,有一种与生俱来的骨子里的骄傲。

许多人总会把张爱玲和三毛联系在一起,虽然她们的文字风格与人生命运毫无相似之处,却又有着同样刻在骨子里的清高与孤傲。可她们终究是不同的,三毛似乎更崇尚一个人的狂欢,张爱玲仿佛更喜欢隐居在世俗的喧闹之中。

在这个世界上,张爱玲曾一个人独舞,承受着人间的孤独与忧伤。唯有当年的月,见证过她隐藏在微笑背后的悲凉。

或许从父母离异的那一刻起,张爱玲便再也感受不到生命中的暖意。一个文学天才,却无法用文字描绘出记忆中的暖,那是多么悲凉的事情。因为缺爱,才对爱偏执,太多的亲人在她的生命中来来去去,对于亲情,张爱玲是冷漠的,也是充满期待的。

对亲情的求而不得，才能让她如此冰冷而尖锐地描写人性。

对张爱玲而言，文字是宣泄情感的出口。她只喜欢写悲剧，可再悲惨的结局也道不尽她骨子里的悲凉与无奈。一部《半生缘》，让太多人沉浸于悲伤之中。在张爱玲的小说里，没有一个人寻找到幸福，这些故事的背后，是她不愿回忆的童年阴影。

20世纪三十年代的上海，见证过张爱玲最华丽的姿态。年轻的她，喜欢活得艳丽，于大俗之中，独享着大雅的乐趣。她就是那支绽放的红玫瑰，虽活在尘埃里，灵魂却追随着阳光雨露。

她用大半生的光阴追逐爱情，对她而言，没有爱情，生命便不完整。只可惜，红尘之中，她偏偏遇上多情又残忍的胡兰成。

遇到胡兰成之前，张爱玲是个骄傲的人；遇到胡兰成之后，她便低到尘埃里。怎奈她偏偏单纯又倔强，爱了就要爱得彻底，奉献出自己的全部。那时的张爱玲，一定以为自己遇到了爱情，于是，旁人的劝诫都成了她耳旁刮过的风。当胡兰成坐在她的沙发上喝茶的时候，她甚至希望岁月能在那一刻静止。一个曾经桀骜不驯的女子，以为爱一个人，就是无休止地贬低自己，只要他愿意，哪怕在她的生命中来来去去也可以。

一场失败的爱情，终于让张爱玲学会如何爱自己。或许这便是胡兰成对张爱玲的意义吧。

离开了胡兰成后，张爱玲的爱情之花日渐凋零、枯萎。虽然后来她遇到了赖雅，却依然没能感受到男人的责任与担当。于是，她学会静看人世浮沉，独享欢乐哀愁。余生，她是孤独的，在热闹的市中心离群索居，"贪婪"地倾听着市井的叫卖声与火车的鸣笛，这是她喜欢的生活。在清浅岁月中，一个人沉浸于文字的世界里，最终带着一颗孤独的心遁出人间，带着悲凉的眼神、寡淡的笑容，从另一个世界俯瞰滚滚红尘。

"因为懂得，所以慈悲"，张爱玲的文字里，从没有刻意夸大人生的苦难，这便是她的个性，平淡坚忍，从不流于伤感。

图书在版编目（CIP）数据

因为喜欢，可迎万难：张爱玲传 / 朱云乔著. —成都：天地出版社，2022.1
ISBN 978-7-5455-6532-4

Ⅰ.①因… Ⅱ.①朱… Ⅲ.①张爱玲（1920-1995）—传记 Ⅳ.①K825.6

中国版本图书馆CIP数据核字（2021）第167384号

YINWEI XIHUAN, KE YING WANNAN: ZHANGAILING ZHUAN

因为喜欢，可迎万难：张爱玲传

出 品 人	杨 政
作 者	朱云乔
责任编辑	孟令爽
封面设计	挺有文化
内文排版	麦莫瑞
责任印制	王学锋
出版发行	天地出版社 （成都市槐树街2号 邮政编码：610014） （北京市方庄芳群园3区3号 邮政编码：100078）
网 址	http://www.tiandiph.com
电子邮箱	tianditg@163.com
经 销	新华文轩出版传媒股份有限公司
印 刷	天津文林印务有限公司
版 次	2022年1月第1版
印 次	2022年1月第1次印刷
开 本	880mm×1230mm 1/32
印 张	8
字 数	177千字
定 价	45.00元
书 号	ISBN 978-7-5455-6532-4

版权所有◆违者必究

咨询电话：（028）87734639（总编室）
购书热线：（010）67693207（营销中心）

如有印装错误，请与本社联系调换。